# 会计、出纳、做账、纳税申报：财务岗位实用手册

包红霏　贾婷婷　杨丽娜◎著

中华工商联合出版社

## 图书在版编目（CIP）数据

会计、出纳、做账、纳税申报：财务岗位实用手册 / 包红霏，贾婷婷，杨丽娜著. -- 北京：中华工商联合出版社，2023.4

ISBN 978-7-5158-3657-7

Ⅰ.①会… Ⅱ.①包… ②贾… ③杨… Ⅲ.①会计实务—手册 Ⅳ.①F233-62

中国国家版本馆CIP数据核字(2023)第067993号

## 会计、出纳、做账、纳税申报：财务岗位实用手册

| 作　　者： | 包红霏　贾婷婷　杨丽娜 |
|---|---|
| 出品人： | 李　梁 |
| 责任编辑： | 胡小英 |
| 装帧设计： | 众　玖 |
| 责任审读： | 付德华 |
| 责任印制： | 迈致红 |
| 出版发行： | 中华工商联合出版社有限责任公司 |
| 印　　刷： | 唐山市铭诚印刷有限公司 |
| 版　　次： | 2023年6月第1版 |
| 印　　次： | 2023年6月第1次印刷 |
| 开　　本： | 670mm×950mm　1/16 |
| 字　　数： | 300千字 |
| 印　　张： | 15 |
| 书　　号： | ISBN 978-7-5158-3657-7 |
| 定　　价： | 48.00元 |

---

服务热线：010—58301130—0（前台）

销售热线：010—58302813（网店部）
　　　　　010—58302166（门店部）
　　　　　010—58302837（馆配部、新媒体部）
　　　　　010—58302813（团购部）

地址邮编：北京市西城区西环广场A座
　　　　　19—20层，100044

http://www.chgslcbs.cn

投稿热线：010—58302907（总编室）

投稿邮箱：1621239583@qq.com

**工商联版图书**
**版权所有　侵权必究**

凡本社图书出现印装质量问题，请与印务部联系。

联系电话：010—58302915

# Preface 前言

本书是一本专门针对财务人员的工具书，分别从会计、出纳、做账和纳税四个角度介绍财务人员必须要掌握的专业知识，对财务人员如何按企业会计制度体系进行会计处理进行了全面、深入、详尽的讲解。

本书体系完整，内容全面，综合阐述了财务人员在实务操作过程中的关键节点和技巧。全书共分十五章，囊括了会计基础理论、凭证和账簿的管理、出纳的职业要求、现金业务、银行结算管理、企业各经营阶段的账务处埋、两大税种的征收要求以及申报实务等内容。本书依据最新的会计准则和税收法律法规编写，内容权威，全面翔实，并非枯燥地罗列会计规范的条条框框，而是以实务中的实际操作为重点讲解对象，结合财务人员的实际工作经验，从最基础的理论讲起，并逐步深入，将理论和实务相结合，整体脉络清晰，内容层层递进，具有较强的时效性、实操性、可读性。本书既可以作为初入职场的财务人员了解会计、纳税、财务工作基本知识的工具用书，也可以作为财务主管把握财会工作关键要点的指导用书。

本书由沈阳建筑大学包红霏教授提出框架设计并最后统撰定稿，会计基础工作篇及出纳业务篇由包红霏编写，账务处理篇由贾婷婷编写，税务处理篇由杨丽娜编写。此外，翟珈杭、王宇珂、于婧也为本书做了搜集资料、校对等工作。在编写过程中，编者参考借鉴了相关的教材和资料，在此谨向这些作者致以诚挚的谢意！

# Contents 目录

## 第一篇　会计基础工作篇

### 第一章　会计基本术语 …… 003
- 第一节　会计的含义及职能 …… 004
- 第二节　会计假设与会计基础 …… 007
- 第三节　会计信息质量要求 …… 013
- 第四节　会计要素 …… 017
- 第五节　会计计量 …… 022

### 第二章　会计记账方法 …… 027
- 第一节　设置会计科目与账户 …… 028
- 第二节　会计账户 …… 032
- 第三节　借贷记账法 …… 036
- 第四节　会计分录 …… 041
- 第五节　试算平衡 …… 044

## 第三章 会计凭证 …… 045
第一节 原始凭证 …… 046
第二节 记账凭证 …… 049

## 第四章 会计账簿 …… 053
第一节 设置与登记会计账簿 …… 054
第二节 错账更正方法 …… 062
第三节 对账与结账 …… 066

## 第五章 编制财务会计报告 …… 069
第一节 资产负债表 …… 070
第二节 利润表 …… 076
第三节 现金流量表 …… 082
第四节 所有者权益变动表 …… 086

# 第二篇 出纳业务篇

## 第六章 出纳人员要具备的基本知识 …… 093
第一节 现金和银行账户管理的内容 …… 094
第二节 出纳要掌握的书写规范 …… 099
第三节 财产清查 …… 102

## 第七章 现金业务 …… 107
第一节 现金存取业务流程 …… 108

第二节　现金收款与付款业务流程 ………… 110
第三节　现金收支业务类型 ………………… 114

## 第八章　银行支付结算 ……………………… 119
第一节　银行票据结算 ……………………… 120
第二节　其他结算方式 ……………………… 130

# 第三篇　账务处理篇

## 第九章　筹资活动的账务处理 ……………… 139
第一节　所有者权益筹资业务 …………… 140
第二节　负债筹资业务 …………………… 145

## 第十章　生产运营的账务处理 ……………… 153
第一节　生产准备业务 …………………… 154
第二节　生产过程业务 …………………… 160

## 第十一章　产品销售的账务处理 …………… 165
第一节　业务形成的收入 ………………… 166
第二节　业务产生的成本 ………………… 170
第三节　销售税费业务 …………………… 175

## 第十二章　利润形成及利润分配的账务处理 … 179
第一节　利润的形成 ……………………… 180

第二节　利润的分配 …………………… 193

**第十三章　会计电算化** …………………… 195
　　第一节　会计电算化对会计工作的影响… 196
　　第二节　会计电算化软件的应用流程…… 197

## 第四篇　税务处理篇

**第十四章　增值税** ………………………… 201
　　第一节　增值税的应纳税额 …………… 202
　　第二节　增值税的账务处理 …………… 206
　　第三节　增值税的纳税申报 …………… 211

**第十五章　所得税** ………………………… 221
　　第一节　所得税的应纳税额 …………… 222
　　第二节　企业所得税的账务处理 ……… 225
　　第三节　所得税的纳税申报 …………… 228

# 第一篇
## 会计基础工作篇

　　本篇主要介绍会计的基本术语、记账规则和方法。会计基本术语部分有助于我们对会计对象有正确的认识和理解；记账规则和方法部分讲解各种账户的基本结构和会计分录的编制，有助于我们熟悉会计复式记账的原理；会计工作的步骤和方法可以简单地概括为传递会计凭证、登记账簿以及编制会计报表。

# 第一章　会计基本术语

会计是一门国际通用商业语言，有许多基本概念和术语。本章主要介绍由会计基本概念组成的理论体系：第一个层次主要有会计目标、会计对象、会计假设；第二个层次主要有会计信息质量要求及会计要素的概念；第三个层次主要是对会计要素进行定性和定量描述，也就是"确认与计量"。

## 第一节　会计的含义及职能

会计是一门国际通用商业语言，有专属的概念和记账规则。本章主要讲解会计必须掌握的基本术语。

### 一、会计目标

会计目标是指在一定的会计环境中，人们期望通过会计活动达到的结果。自借贷复式记账法诞生以来，近代会计理论和实务一直不断发展，在产权所有者与经营管理者相分离的情况下，会计始终以保护产权为核心，并最终形成了现在的以目标为导向的会计概念体系。

明确会计的目标是什么，就相当于明确会计向哪些信息使用者提供何种质量标准的会计信息。我国《企业会计准则》中对于会计的目标（财务会计报告的目标）作了明确规定：向财务会计报告使用者提供与企业财务状况、经营成果和现金流量等有关的会计信息，反映企业管理层受托责任履行情况，有助于财务会计报告使用者做经济决策。

上述会计的目标，可以从两个方面理解：一个方面是"受托责任观"，如资金所有者（委托人）对企业管理层（受托人）是否很好地管理和使用其资金进行评价和考核等；另一个方面是"决策有用观"，如有助于潜在投资者做投资决策，有助于债权人做借贷决策等。可以看出，根据《企业会计准则——基本准则》的规定，会计的目标（财务会计报告的目标）兼具受托责任观和决策有用观，即受托责任观和决策有用观的信息使用者是同源的，会计信息要能同时满足资金所有者、企业管理层和决策者（潜在投资者、债权人等）履行管理责任或进行决策的需要。

## 二、会计的含义

中国注册会计师协会组织编写的《会计》中给出的会计的定义：会计是以货币为主要计量单位，反映和监督一个单位的经济活动的一种经济管理工作。通俗地讲，就是将企业的能够用货币表现的经济活动以货币的形式展现在账表中。对于"会计"一词，可以有不同角度的理解，既可以把它理解为一个经济信息系统，也可以把它理解为一种经济管理活动。从经济信息系统的角度看，会计是一个由经济业务原始信息输入和通用商业语言信息输出连接而成的信息系统，即会计提供经济活动所需的信息；从经济管理活动的角度看，会计是一种通过对经济活动进行规划、组织、控制和指导以提高经济效果的管理活动。

此外，随着信息化、国际化进程的加快，作为国际通用商业语言的会计在不断地丰富和发展。我们可以这样认为：会计的含义也与会计目标一样，基于不同的理论和视角来进行归纳和概括，就会得出不同的表述，因此，会计的定义也具有兼容性。

本书在编写时以《企业会计准则》为指导。在我国，《企业会计准则》是由财政部制定、颁布并部署实施的，是根据《中华人民共和国会计法》（以下简称《会计法》）和其他有关法律、行政法规制定的，具有原则性和权威性。

## 三、会计的职能

职能是指人、事物、机构应当发挥的作用。会计的目标是就应输出什么信息而言，而会计的职能则是就能输出什么信息而言。随着人类社会生产活动的发展，会计逐渐成为一项单独工作，并产生了会计核算和会计监督两项传统职能。

会计的核算职能指通过对经济业务的确认、计量形成凭证、账簿，最后形成财务报告。经过会计核算，既对资金的运动进行了详细与具体的揭示，又对数据进行了加工分析，从而生成对决策有用的会计信息。无论会计信息使用者出于何种目的和利益，都离不开对企业经济活动进行如实反映这一基本前提。

会计的监督职能是指会计依据一定的法规、政策对企业经济活动及其引起的资金运动进行控制，以保障各项经济业务和财务收支的合理性、合法性。

**四、会计的对象**

会计是以货币为主要计量单位反映和监督一个单位的经济活动的一种经济管理工作，而以货币表现的经济活动通常又被称为资金运动。因此，会计的对象就是资金运动。

资金运动可分为投入环节、运用环节（资金循环与周转）和退出环节。以工业企业为例，运用环节又分为供应（或购买）、生产、销售三个依次发生的环节，期间资金形态也几经变化，从货币资金开始，成为储备资金、生产资金、成品资金、结算资金，到最后又变成货币资金。

站在企业的角度，资金运动又通过一系列的交易或者事项来进行。交易是指单位与其他单位和个人之间发生的价值转移的交换，事项是指在单位内部发生的具有经济影响的交换。

对会计对象进行基本分类会形成会计要素，分别是资产、负债、所有者权益、收入、费用、利润。会计要素的内容将在本章第四节详细展开。对会计要素进行进一步细分，则会形成会计科目，会计科目的内容将在第二章详细展开。

## 第二节 会计假设与会计基础

### 一、会计假设

会计假设是对会计核算内容所处的时间、空间环境等所做的合理的设定。会计假设包括会计主体、持续经营、会计分期和货币计量。

#### （一）会计主体

《企业会计准则——基本准则》第五条规定，企业应当对其本身发生的交易或者事项进行会计确认、计量和报告。通俗地讲，会计主体强调的是"企业本身"这一空间范围和视角，企业本身以外的企业或者业主个人发生的经济行为不是该会计主体所要核算和监督的内容。

【例1-1】

假设A公司向B公司销售一批原材料，A公司已经把货物发送到B公司仓库，但B公司尚未支付货款。如果以A公司为会计主体，该如何反映这笔经济业务？

在本例中，如把A公司作为会计主体，那么只有A公司本身发生的交易或者事项才能加以确认和计量，与A公司本身无关的原材料的增加、应付账款的增加，都不予以反映。因此需以A公司为会计主体，一方面增加销售收入，另一方面增加一笔应收账款。

会计主体不同于法律主体。一般来说，作为一个法律主体的企业，应当建立会计核算体系，独立反映其财务状况、经营成果和现金流量，该企业同时也是一个会计主体。但是，会计主体不一定是法律主体，比如在企业集团里，一个母公司拥有子公司，母公司、子公司均为独立的法律主体（也各为一会计主体），要全面反映这个企业集团的财务状况、经营成果和现金流量，就有必要将这个企业集团的财务状况、经营成果和现金流量予以综合反映，这时，该集团为一个会计主体却不是同一法律主体。

（二）持续经营

《企业会计准则——基本准则》第六条规定，企业会计确认、计量和报告应当以持续经营为前提。一般来讲，在可以预见的将来，企业不会面临清算。

【例1-2】

一个制造企业以100万元购买一台能用10年的生产设备的目的是什么？如果现在该企业破产清算，这台全新的设备用于抵债，它还值100万元吗？

在本例中，如果在持续经营的前提下，企业取得生产设备时，能够确定是为生产产品、提供劳务、出租或者经营管理而持有的，可以将支付的所有价款100万元作为固定资产的账面成本，对其磨损的价值在10年内按一定折旧方法计提折旧，并将其磨损的价值计入成本费用。如果企业面临清算，该固定资产只能按当时的公允价值抵偿债务。

持续经营是根据企业发展的一般情况所做的假设，一旦判定企业不符合持续经营的前提，就应当改变会计核算的方法。

（三）会计分期

《企业会计准则——基本准则》第七条规定，企业应当划分会计期间，分期结算账目和编制财务会计报告。会计分期是指将一个企业持续的生产经营活动划分为连续、相等的期间，又称会计期间。会计分期这一前提是持续经营的客观要求，企业应按期编报财务报告，从而及时地向各方面提供有关企业财务状况、经营成果和现金流量的信息。

【例1-3】

如果你是A企业的会计信息使用者，你想了解企业的财务状况和经营成果，那你希望A企业在整个持续经营期间定期向你提供分期会计信息，还是破产清算时向你提供汇总会计信息？哪一种方式更有助于你及时做出相关决策？

在本例中，会计期间一般分为年、季、月。通常的会计期间是一年，按年度编制的财务会计报表也称为年报。《会计法》规定"会计年度自公历1月1日起至12月31日止"，《企业会计准则——基本准则》规定"会计期间分为年度和中期。中期是指短于一个完整的会计年度的报告期间"。

此外，根据《企业会计准则第30号——财务报表列报》的规定，判断流动资产、流动负债时所称的一个正常营业周期，通常是指企业从购买用于加工的资产起至实现现金或现金等价物的期间。正常营业周期通常短于一年。但是，也存在正常营业周期长于一年的情况，如房地产开发企业开发用于出售的房地产，造船企业制造的用于对外出售的大型船只等，往往超过一年才变现、出售或耗用，但仍应划分为流动资产。正常营业周期不能确定时，应当以一年（12个月）作为正常营业周期。

### （四）货币计量

《企业会计准则——基本准则》第八条规定，企业会计应当以货币计量。资产和负债计量可以采取不同的计量单位，如数量计量、货币计量等。为了使企业财务状况和经营成果具有可比性，人们便采用了货币这样一个统一的计量单位。

【例1-4】

在A企业会计报表中，如果资产有两种计量方式：方式一是500根木料、2台机器设备、3项专利权、3项股权投资；方式二是3000元的木料、200 000元的机器设备、100 000元的专利权、60 000元的股权投资。你认为哪种计量方式更有利于汇总反映企业总体财务状况，更有利于对比分析？

在本例中，A企业会计报表中凡是能够用货币这一尺度计量的，都可以进行汇总反映和对比分析。当然，有些影响企业财务状况和经营成果的一些因素，并不能用货币计量，比如，企业文化、品牌价值、地理位置、技术开发能力等，企业可以采用一些非货币指标作为会计报表的补充。

对货币计量这一会计前提的具体化，我国《会计法》规定，会计核算以人民币为记账本位币，业务收支以人民币以外的货币为主的单位，可以选定其中一种货币作为记账本位币,但是编报的财务会计报告应当折算为人民币。

## 二、会计基础

会计基础,即交易与事项的记账基础,是指会计确认、计量和报告的基础,包括权责发生制和收付实现制。由于会计分期的基本假设,产生了本期与非本期的确认,出现了应收、应付、预付、预收的会计处理,在确认收入和费用时,就出现了按照权利、责任发生期归属和按照收款、付款实现期归属的两种会计基础:权责发生制和收付实现制。

【例1-5】

A公司8月份收到了B公司5月份所欠的货款7000元。下面分别从权责发生制和收付实现制两个角度来分析收入和费用的确认思路。

权责发生制也称应收应付制,是指企业以应收应付为标准来确认收入和费用,即凡归属本期的收入和费用,不论款项是否实际收付,都确认为本期的收入和费用。本例中,A公司7000元的货款尽管是在8月份收到的,但它归属于5月份,故在权责发生制下,应将7000元确认为该公司5月份的收入。

收付实现制也称实收实付制,是指企业以实收实付作为标准来确认本期的收入和费用,即凡是本期实际收到款项的收入和付出款项的费用,不论款项是否归属于本期,都确认为本期的收入和费用。本例中,因为A公司实际收到款项的时间是在8月份,所以在收付实现制下,应将7000元确认为该公司8月份的收入。

《企业会计准则——基本准则》规定，企业应当以权责发生制为基础进行会计确认、计量和报告。在我国现行财务报告体系中，资产负债表和利润表都是以权责发生制为基础编制的，反映了企业的财务状况和经营成果。为了弥补在权责发生制条件下处理信息的局限性，现金流量表是以收付实现制为基础编制的，它向投资者和债权人提供了一套比较完整的现金流量资料，以帮助报告使用者更好地评价企业的盈利质量。

## 第三节　会计信息质量要求

会计信息是会计行为的结果。如同产品质量和消费者的关系一样，对会计信息使用者而言，会计信息也有质量，即会计信息质量，它的意义非常重要。会计信息质量要求是对企业财务报告（财务会计报告）中所提供的会计信息的基本要求。根据我国《企业会计准则——基本准则》的规定，会计信息质量要求包括以下八项：可靠性、相关性、可理解性、可比性、实质重于形式、重要性、谨慎性、及时性。其中，可靠性与相关性居于会计信息质量要求的首要地位，可靠性充分体现了受托责任观的目标，相关性则充分体现了决策有用观的目标。

### 一、可靠性

《企业会计准则——基本准则》第十二条规定，企业应当以实际发生的交易或者事项为依据进行会计确认、计量和报告，如实反映符合确认和计量要求的各项会计要素及其他相关信息，保证会计信息真实可靠、内容完整。

这一信息质量要求包括两层含义：一是，会计核算以实际发生的交易或事项为依据；二是，会计处理时应保持客观，得出具有可检验性的会计信息。历史成本计量属性因为具有"可验证"的可靠性而一直在我国会计准则中排在首位。

## 二、相关性

《企业会计准则——基本准则》第十三条规定，企业提供的会计信息应当与财务会计报告使用者的经济决策需要相关，有助于财务会计报告使用者对企业过去、现在或者未来的情况做出评价或者预测。

根据相关性要求，企业应当充分考虑会计信息使用者决策的各种需要，满足各方面具有共性的信息需求。对于特定用途的需求，可以采取财务报告之外的其他形式加以满足。

## 三、可理解性

《企业会计准则——基本准则》第十四条规定，企业提供的会计信息应当清晰明了，便于财务会计报告使用者理解和使用。

可理解性是适用决策有用观的前提条件，是影响有用性的关键因素。可理解性要求企业提供的会计信息必须保持明晰性，符合会计信息使用者的理解能力和使用者的决策类型。

## 四、可比性

《企业会计准则——基本准则》第十五条规定，企业提供的会计信息应当具有可比性。同一企业不同时期发生的相同或者相似的交易或者事项，应当采用一致的会计政策，不得随意变更。确需变更的，应当在附注中说明。不同企业发生的相同或者相似的交易或者事项，应当采用规定的会计政策，确保会计信息口径一致、相互可比。

可比性要求有两层含义：一是要求横向可比，即应当采用国家统一的会计规定（如企业会计准则、应用指南、解释等），不同行业、不同地区企业之间的会计信息口径一致，相互可比；二是要求纵向可比，即同一企业不同时期发生的相同或相似的交易或事项，应当采用一致的会计政策，不得随意改变。如果确有必要变更（符合规定或者变更后会计信息质量更好），应当在财务会计报告附注中说明变更情况、变更原因及其对企业财务状况和经营成果的影响。

## 五、实质重于形式

《企业会计准则——基本准则》第十六条规定，企业应当按照交易或事项的经济实质进行会计确认、计量和报告，不应仅以交易或者事项的法律形式为依据。

该要求中"形式"是指法律形式，"实质"指经济实质。比如，我国《企业会计准则》中合并财务报表的合并范围应当以控制为基础予以确定，该基础就是强调"实质重于形式"原则，要求将所有母公司能够控制的子公司均纳入合并范围，而不一定严格考虑股权比例。

## 六、重要性

《企业会计准则——基本准则》第十七条规定，企业提供的会计信息应当反映与企业财务状况、经营成果和现金流量等有关的所有重要交易或者事项。

重要性与相关性都受会计目标的影响，信息使用者需要了解（相关性）的信息大多是重要信息，应该予以披露。重要性与可靠性也密切相关，重要性强调不能遗漏和错报重要的信息。因此重要性原则在会计实务中能起到普遍的约束作用。

重要性要求的运用，在很大程度上取决于会计人员的职业判断。常见的重要性判断标准有定性标准和定量标准：定性标准是通过经济事项的性质来判断会计信息的重要性；定量标准就是以具体的数量指标判断项目是否重要。这就是我们常说的从项目的性质和金额大小两方面加以判断。

## 七、谨慎性

《企业会计准则——基本准则》第十八条规定，企业对交易或者事项进行会计确认、计量和报告应当保持应有的谨慎，不应高估资产或者收益、低估负债或者费用。因为经济活动具有一定的不确定因素，因此在会计核算中应持谨慎态度。在实际操作中，发出存货的计价方法、固定资产的折旧方法、资产减值准备的计提等都体现了谨慎性原则。

## 八、及时性

《企业会计准则——基本准则》第十九条规定，企业对于已经发生的交易或事项，应当及时进行会计确认、计量和报告，不得提前或者延后。

会计信息具有时效性。为了满足信息使用者及时做出经济决策的需要，会计分期划分了持续经营的时间段，解决了持续经营和及时提供会计信息的矛盾。在此原则下，企业需要及时收集、处理和传递会计信息。

综上，会计信息一定要真实可靠、简单明了、统一口径，便于使用者理解，利于使用者做出经济决策；对企业发生的具有经济实质影响的交易或事项应及时记录，既不能高估资产也不能低估负债。

## 第四节 会计要素

会计要素是对会计对象进行的基本分类,企业应当按照交易或者事项的经济特征确定会计要素。《企业会计准则——基本准则》中规定的会计要素有六个:资产、负债、所有者权益、收入、费用以及利润。其中,资产、负债、所有者权益为静态要素,收入、费用和利润为动态要素。

### 一、资产

资产是指企业过去的交易或者事项形成的、由企业拥有或者控制的、预期会给企业带来经济利益的资源。

资产有以下三个特点。第一,是由企业过去的交易或者事项(包括购买、生产、建造行为或其他交易或者事项)形成的。而预期在未来发生的交易或者事项则不形成资产,如计划购入的机器设备等。第二,是由企业拥有或者控制,即企业享有某项资源的所有权,或者虽然企业不享有某项资源的所有权,但该资源能被企业所控制,如融资性租入固定资产。第三,预期会给企业带来经济利益,也就是直接或者间接导致现金和现金等价物流入企业的潜力,如厂房设备、原材料等可以用于制造商品或提供劳务,出售取得的货款即为给企业带来的经济利益。

符合《企业会计准则——基本准则》规定的资产的定义的资源,在同时满足以下条件时,即可确认为资产:①与该资源有关的经济利益很可能流入企业；②该资源的成本或者价值能够可靠地计量。符合资产定义和资产确认条件的项目，应当列入资产负债表；符合资产定义，但不符合资产确认条件的项目，不应当列入资产负债表。

我国的资产负债表对资产按流动性分类和列示。流动资产是指那些在一年内或者超过一年的一个营业周期内变现的资产，如应收账款、存货等。固定资产、无形资产的变现周期往往在一年以上，所以通常被称为非流动资产。

## 二、负债

负债是指企业过去的交易或者事项形成的、预期会导致经济利益流出企业的现时义务。如果资产可理解为企业的权利，负债则可以理解为企业所承担的义务。

在《企业会计准则——基本准则》中，负债具有以下三个特点。第一，负债是由企业过去的交易或事项形成的。企业将来可能发生的承诺、签订的合同等交易或者事项，还没发生实际交易的，不形成负债。第二，负债是现时义务。现时义务是指企业在现行条件下已承担的义务。未来发生的交易或者事项形成的义务，不属于现时义务，不应当确认为负债。第三，负债预期会导致经济利益流出企业。一般来说，企业履行偿还义务时，如支付现金、提供劳务、将负债转为资本等，会导致经济利益流出企业，而且这种未来流出的经济利益的金额能够可靠计量。

符合《企业会计准则——基本准则》规定的负债定义的义务，在同时满足以下条件时，确认为负债：①与该义务有关的经济利益很可能流出企业；②未来流出的经济利益的金额能够可靠地计量。符合负债定义和负债确认条件的项目，应当列入资产负债表；符合负债定义，但不符合负债确认条件的项目，不应当列入资产负债表。

我国的资产负债表按负债偿还期限的长短，将负债分为流动负债和非流动负债。预期在一年或一个经营周期内到期清偿的债务属于流动负债，如预收账款、短期借款等。偿还期在一年以上或超过一年的一个正常营业周期以上的应付债券、长期应付款等，即为非流动负债。

### 三、所有者权益

所有者权益是指企业资产扣除负债后由所有者享有的剩余权益。公司的所有者权益又称为股东权益。

所有者权益的来源包括所有者投入的资本、直接计入所有者权益的利得和损失（其他综合收益）、留存收益等。所有者投入的资本是指所有者投入企业的所有资本，对应注册资本或者股本的部分计入实收资本（或股本）；超过注册资本或者股本的部分（资本溢价或者股本溢价）计入资本公积。直接计入所有者权益的利得和损失，是指不应计入当期损益、会导致所有者权益发生增减变动的、与所有者投入资本或者向所有者分配利润无关的利得或者损失。其中，利得是指由企业非日常活动所形成的、会导致所有者权益增加的、与所有者投入资本无关的经济利益的流入。损失是指由企业非日常活动所发生的、会导致所有者权益减少的、与向所有者分配利润无关的经济利益的流出。

所有者权益是指企业资产扣除负债后由所有者享有的剩余权益，因此，所有者权益金额取决于资产和负债的计量。所有者权益项目应当列入资产负债表。例如，企业接受投资者投入的存货，在该存货符合企业资产确认条件时，则实收资本就符合所有者权益的确认条件；当该存货的价值能够可靠计量时，实收资本的金额也就可以计量。

资产、负债、所有者权益是与某一时间点存量有关的三个静态要素。需要掌握的是，资产是企业资金的运用或占用的具体形式，从资产的要求权（权益）上看，会计上需要明确区分是属于债权人的权益（负债）还是属于投资者的权益（所有者权益），并基于"资金来源＝资金运用"形成了"资产＝负债＋所有者权益"，该恒等式揭示了会计要素变化的内在联系和规律。

## 四、收入

收入是企业在日常活动中形成的、会导致所有者权益增加的、与所有者投入资本无关的经济利益的总流入。

收入只有在经济利益很可能流入从而导致企业资产增加或者负债减少，且经济利益的流入额能够可靠计量时才能予以确认。符合收入定义和收入确认条件的项目，应当列入利润表。

## 五、费用

费用是指企业在日常活动中发生的、会导致所有者权益减少的、与向所有者分配利润无关的经济利益的总流出。企业为生产产品、提供劳务等发生的可归属于产品成本、劳务成本等的费用，应当在确认产品销售收入、劳务收入等时，将已销售产品、已提供劳务的成本等计入当期损益。

费用只有在经济利益很可能流出从而导致企业资产减少或者负债增加，且经济利益的流出额能够可靠计量时才能予以确认。符合费用定义和费用确认条件的项目，应当列入利润表。

## 六、利润

利润是指企业在一定会计期间的经营成果。利润包括收入减去费用后的净额、直接计入当期利润的利得和损失等。直接计入当期利润的利得和损失,是指应当计入当期损益、会导致所有者权益发生增减变动的、与所有者投入资本或者向所有者分配利润无关的利得或者损失。

其中,收入减去费用后的净额反映的是企业经常性损益,直接计入当期利润的利得和损失反映的是企业非经常性损益。企业应当严格区分收入和利得、费用和损失之间的区别,以更加准确地反映企业的损益构成与来源。同时也能看出,利润主要依赖于收入和费用以及直接计入当期利润的利得和损失的确认,其金额也主要取决于对收入、费用、直接计入当期利润的利得和损失金额的计量,即企业在一个会计期间所形成的最终经营成果为:

$$收入 - 费用 + 计入利润的利得 - 计入利润的损失 = 利润$$

综上,收入、费用及利润能够反映企业在某一个期间的经营成果,这三个要素属于动态要素。

从会计要素整体来看,不能忽视的是利得和损失的存在。我国现行《企业会计准则》下的利得和损失有两个去向:一部分利得和损失直接计入所有者权益;另一部分利得和损失直接计入利润,会对企业当期的盈余公积和未分配利润产生影响,最终影响所有者权益总额。

## 第五节　会计计量

企业在将符合确认条件的会计要素登记入账并列报于会计报表（又称财务报表）及其附注时，应当按照规定的会计计量属性进行计量，确定其金额。会计计量由计量单位和计量属性两个关键要素构成，二者的不同组合形成了不同的计量模式。

### 一、会计计量单位

正如在会计假设中所阐述的那样，会计应该坚持货币计量假设，以货币作为计量单位。通常以币值稳定为基本假设，但在持续通货膨胀的情况下，就需要使用物价变动会计。

### 二、会计计量属性

根据《企业会计准则——基本准则》第四十二条规定，会计计量属性主要包括历史成本、重置成本（又称现行成本）、可变现净值、现值、公允价值。

在历史成本计量属性下，资产按照购置时支付的现金或者现金等价物的金额，或者按照购置资产时所付出的对价的公允价值计量。负债按照因承担现时义务而实际收到的款项或资产的金额，或者承担现时义务的合同金额，或者按照日常活动中为偿还负债，预期需要支付的现金或者现金等价物的金额计量。

在重置成本计量属性下，资产按照现在购买相同或者相似资产所需要支付的现金或者现金等价物的金额计量。负债按照现在偿付该项债务所需支付的现金或者现金等价物的金额计量。

在可变现净值计量属性下，资产按照其正常对外销售所能收到的现金或者现金等价物的金额扣减该资产至完工时估计将要发生的成本、估计的销售费用以及相关税费后的金额计量。

在现值计量属性下，资产按照预计从其持续使用和最终处置中所产生的未来净现金流入量的折现金额计量。负债按照预计期限内需要偿还的未来净现金流出量的折现金额计量。

在公允价值计量属性下，资产和负债按照市场参与者在计量日发生的有序交易中，出售资产所能收到或者转移负债所需支付的价格计量。市场参与者，是指在相关资产或负债的主要市场（或最有利市场）中，同时具备下列特征的买方和卖方：市场参与者应当相互独立，不存在《企业会计准则第36号——关联方披露》所述的关联方关系；市场参与者应当熟悉情况，能够根据可取得的信息对相关资产或负债以及交易具备合理认知；市场参与者应当有能力并自愿进行相关资产或负债的交易。有序交易，是指在计量日前一段时期内相关资产或负债具有惯常市场活动的交易。

从广义上看，以购置时市场价格为基础形成的历史成本（历史买入价）、由现在市场价格为基础形成的现行成本（现行买入价）、在现行市价的基础上扣除未来发生的成本形成的可变现净值（结算价值）都属于公允价值。但目前都把公允价值定性为一种狭义的计量属性，而且同样是采用公允价值，有时称为公允价值模式（如投资性房地产准则），有时称为后续计量（如交易性金融资产），当公允价值作为计量属性的一种，与历史成本等其他计量属性并列时，属于狭义的概念，仅指买卖双方在市场中进行交易时所约定的价格。

如何更好地理解这些计量属性的定义？以资产为例，如果不考虑相关费用，实际上可以这样理解：在某一个时点对资产进行计量时，历史成本是该资产原来取得时点所付出的对价的广义公允价值；重置成本是该资产现在取得时点所需支付的广义公允价值；可变现净值是现在时点正常出售该资产的广义公允价值；现值是现在时点不重新购买，也不出售，继续持有该资产会带来的经济利益的公允价值；狭义公允价值指的是在现在但凡发生有序交易，出售资产或转移负债所确定的或成交的价格。

表1-1 对五种计量属性的理解

| 计量属性 | 时态 | 交易类型 | 交易性质 | 一般适用范围 |
| --- | --- | --- | --- | --- |
| 历史成本 | 过去 | 购买 | 实际 | 初始计量 |
| 重置成本 | 现在 | 购买 | 假设 | 初始计量（历史成本的替代） |
| 可变现净值 | 现在、未来 | 出售 | 假设 | 流动资产的期末计量 |
| 现值 | 现在、未来 | 出售 | 假设 | 非流动资产的期末计量 |
| 狭义公允价值 | 现在 | 出售 | 假设 | 金融资产的期末计量 |

从上表可知，五种会计计量属性各有优缺点，单纯地选择某一种计量属性不可能始终使会计信息如会计准则要求的那样准确、真实、相关。尽管《企业会计准则——基本准则》规定，企业在对会计要素进行计量时，一般应当采用历史成本，采用重置成本、可变现净值、现值、公允价值计量的，应当保证所确定的会计要素金额能够取得并可靠计量，但

随着经济的发展，报表使用者对会计信息质量提出了更高的要求，在历史成本计量属性下提供的会计信息可靠性较强但相关性较弱，为了更好地满足信息使用者的决策需要，同时运用其他计量属性就会起到补充作用。

【例1-6】

某企业有一台生产设备，同时具备以下四种情形。

①该设备为3年前以500万元的价格购得。

②该设备预计可使用10年，10年后预计残值率为5%，估计可能发生清理费用1万元。

③该设备现市价为280万元。市场上具有同等生产能力的生产设备，市价为300万元。

④该设备未来7年预计每年能带来50万元的收益。市场利率为10%。

该设备的历史成本、重置成本、可变现净值、现值、公允价值该如何确定？

首先，该生产设备历史成本即购置时的成本（500万元），重置成本为目前具有同等生产能力的生产设备的价格（300万元），这两种计量属性都是从资产入手的角度来计量的。

其次，可变现净值，也就是不考虑货币时间价值的情况下的预期脱手价值，通俗来讲就是现在要卖，实际可收回的金额。现在该设备市价280万元，将来还得支付1万元的清理费用，因此可变现净值为279万元。

现值，通俗地讲，就是把以后的钱折算到现在的价值，本例中的设备在以后每年都可以给企业带来50万元的收入，但不能简单地用50万乘以7来计算，因为以后每年的钱是在不同时点收回，而货币具有时间价值，不同时点的钱其实际价值是不相同的，这里就需要使用年金现值系数去计算。7年期10%利率的年金现值系数查表可知：4.8684。因此现值=50×4.8684=243.4万元。

公允价值为该设备目前的市场价，即280万元。

## 第二章　会计记账方法

本章主要介绍对会计对象进行的再分类——会计科目和会计账户，使我们在理解会计要素之间平衡关系的基础上学习借贷记账法的基本原理，进而掌握借贷记账法下会计分录的编制、试算平衡等技能。

## 第一节　设置会计科目与账户

### 一、会计科目的含义与分类

（一）会计科目的含义

实际业务中若只以前面所述的六项会计要素作为会计核算的分类标准，则无法满足会计信息使用者的相关需求。比如将一笔现金存入银行，简单来说属于资产这一要素内部的一减一增，在计量时需要反映企业库存现金减少和银行存款增加。由此可见，若要全面、系统地记录和监督企业生产经营中的经济活动，就需要进一步细分会计要素。

会计科目是对会计要素的具体内容进行分类的项目或名称。举例来说，企业可将厂房、生产车间的机器设备、行政部门的交通运输工具等一系列使用时间较长、单位价值高、实物形态较为稳定的资产划为一类，设立"固定资产"会计科目；而生产车间原材料的耗费、支付给管理人员的薪酬工资等具有间接成本等共同之处的费用，可根据其特点将其划分为间接费用，并设立"制造费用"会计科目进行核算。

（二）会计科目的分类

1. 按所反映的经济内容分类

如果根据反映的经济内容划分，会计科目可分为下述六大类科目：资产类、负债类、共同类、所有者权益类、成本类和损益类。

（1）资产类科目

资产类科目是指根据资产要素的具体内容设置的会计科目，可进一步细分为流动资产和非流动资产。具体来说，属于流动资产的科目有"库存现金""银行存款""原材料""库存商品""应收账款"等，属于非流动资产的科目有"固定资产""无形资产"等。

（2）负债类科目

负债类科目是指根据负债要素的具体内容设置的会计科目，可进一步细分为流动负债和非流动负债。具体来说，属于流动负债的科目有"短期借款""应付账款""应交税费""应付职工薪酬""预收账款"等，属于非流动负债的科目有"长期借款""长期应付款"等。

（3）共同类科目

共同类会计科目是指既有资产性质，又有负债性质的科目。共同类科目一般多用于金融、保险、投资、基金等公司，包括"清算资金往来""货币兑换""衍生工具""套期工具"和"被套期项目"等。

（4）所有者权益类科目

所有者权益类科目是指根据所有者权益要素的具体内容设置的会计科目。反映资本的科目有"实收资本"和"资本公积"，反映留存收益的科目有"盈余公积""本年利润"和"利润分配"。

（5）成本类科目

成本类科目是反映企业经济业务活动中所发生的可用货币资金表现的各项损耗的会计科目。反映直接成本的科目有"生产成本"和"研发支出"等，反映间接成本的科目有"制造费用"等。

（6）损益类科目

损益类科目是反映企业在一定经营期间内取得的各项收入和发生的各项成本费用的科目。反映收入的科目有"主营业务收入""其他业务收入"

等，反映成本费用的科目有"主营业务成本""其他业务成本""管理费用""财务费用"等。

《企业会计准则——应用指南》的附录《会计科目和主要账务处理》为我国企业会计提供了标准的会计科目指引，其中每一项会计科目都有具体的编号，用以登记会计账册和查阅会计账簿，也为会计电算化提供了基本条件。根据第一位数字的不同，可以区别出不同的科目类别：资产类"1"、负债类"2"、共同类"3"、所有者权益类"4"、成本类"5"、损益类"6"。根据第二个数字可以区别六大类别下的不同的小类别，举例来说：在资产类科目中"0"代表货币资金类，"6"代表固定资产类。

2. 按所提供信息的详细程度分类

如果根据提供信息的详细程度划分，会计科目可以分为总分类科目和明细分类科目。

（1）总分类科目

总分类科目又称总账科目或者一级科目，即对会计要素的具体内容进行总分类，提供总括信息的会计科目，是总分类结算的依据。总分类科目由财政部统一制定，以会计核算制度的形式发布实施。

（2）明细分类科目

明细分类科目，或称明细科目，是对会计要素的具体内容进行更为详尽细致分类的核算科目。企业可以在总分类科目下，根据本单位的实际情况和管理工作的需要自行设置明细科目。明细科目可以分为两级，即二级明细（子目）和三级明细（细目）。

## 二、会计科目的设置

会计主体根据企业的经营特点合理设置会计科目，并将所有经济业务的内容按照会计要素的要求合理分类，这是进行具体会计核算的基本条件。《会计基础工作规范》（2019年修订）规定，各单位根据国家统一会计制度的要求，在不影响会计核算要求、会计报表指标汇总和对外统一会计报表的前提下，可以根据实际情况自行设置和使用会计科目。

（一）符合国家的相关规定

设置会计科目体系时，不得违背《企业会计准则》《企业会计制度》的相关规定。

（二）符合企业的实际情况

设置会计科目应综合考虑单位自身的内部情况，灵活设置会计科目，其基本要求就是要反映本单位的业务特点。生产性企业要设置"生产成本""制造费用"等核算产品制造过程的会计科目。而商品流通企业则无须设置"生产成本"等科目。

（三）简单精确，内容完整

首先，科目设置要适当，避免增加不必要的工作量。过分细致一方面不利于获取分类数据资料，另一方面也无法反映会计信息使用者的需要。

其次，会计科目的名称应简单精确，避免重复。

（四）相对稳定

企业单位设置的会计科目应保持相对稳定，为宏观、微观管理信息的综合比较、分析提供保障。

（五）考虑企业信息使用者相关性原则

根据信息使用者要求，满足对外报告和对内管理的要求，设置与其相关的会计核算科目，并进行信息数据的统计、梳理和汇总。

## 第二节　会计账户

### 一、会计账户的概念

要获得各经济业务增减变动具体情况及其变化结果，就需要设置能够核算指标的具体数字资料的某种方法或手段，因此，在开设会计科目后，应设置一系列反映不同经济内容的账户。从严格意义上说，设置账户是一种专门的会计核算方法，可以系统地反映各种经济业务的发生及其引起的资产、负债、所有者权益、收入、费用以及利润各要素的变化，并分门别类地进行核算。

会计科目与账户既密切联系，又有区别。两者的联系主要表现在：第一，它们反映的经济业务内容是一致的，例如，"应收账款"科目与"应收账款"账户都是表示应向赊销的公司收取的款项；第二，会计科目是账户设置的基础和依据，账户的名称是会计科目的名称，账户的级次也是由会计科目的级次决定的。而两者的区别主要表现在：第一，会计科目只能解释和反映经济业务内容，但账户不仅具有这一功能，而且还有记录经济业务发生情况和结果的功能；第二，会计科目无结构，账户有一定的结构和格式，可以系统地记录所发生的经济业务。

## 二、账户的结构和内容

账户是用来记录经济业务数据的工具，其特点是具备一定的结构和内容。随着企业经济业务的发生，会计核算内容在数量上会发生增减变化，并由此产生变化结果。因此，对分类记录经济业务的账户应首先确定账户的基本结构，解决增减变动后的结果记在什么地方的问题。

第一，所有的账户分为左右两方。各方根据经济业务的实际需要分为若干栏，将经济业务及其会计要素的增加、减少分类登记，以表示增减变动的结果。设置账户的格式时需要的内容：账户的名称，即会计科目；日期和摘要，即经济业务发生的时间和内容；凭证号数，即账户记录的来源和依据；增加和减少的金额；余额。

借贷记账法下，以借或贷来表示增加或减少方向，分类账簿的账户结构如下图 2-1 所示。

会计科目（账户名称）

| 日期 | 凭证号数 | 摘要 | 借方 | 贷方 | 余额 |
|------|----------|------|------|------|------|
|      |          |      |      |      |      |

图 2-1 分类账簿的账户结构

第二，确定账户左、右两个方向中哪一方登记增加额、哪一方登记减少额。这取决于账户所记录的经济业务和所采用的记账方法，账户的余额一般与记录的增加额在同一方向。

账户记录的内容应满足如下关系式：

本期期末余额 = 期初余额 + 本期增加额 − 本期减少额

本期增加额和减少额是指在一定会计期间内（月、季或年），账户在左右两方分别登记的增加金额的合计数和减少金额的合计数，又称本期增加发生额和本期减少发生额。本期增加发生额和本期减少发生额相抵后的差额，就是本期期末余额。如果将本期的期末余额转入下一期，就是下一期的期初余额。

在教科书中经常采用简化格式——丁字账来说明账户结构。丁字账省略了有关栏次，格式如图 2-2 所示。

**资产类和成本类账户**

| 借方 | 贷方 |
| --- | --- |
| 期初余额：a+b-c-d<br>本期增加额 a　增加额 b | 本期减少额 c　减少额 d |
| 本期借方发生额：a+b | 本期贷方发生额：c+d |
| 期末余额：a+b-c-d | |

图 2-2　丁字账的格式示意图

需要说明的是，损益类账户在通常情况下期末没有余额。

## 三、总分类账户和明细分类账户

会计账户的开设应与会计科目的设置相适应，按提供核算资料的详细程度，会计科目分为总账科目、二级明细科目和三级明细科目，会计账户也相应地分为总分类账户（一级账户）和明细分类账户（二级、三级账户）。通过总分类账户对经济业务进行的核算称为总分类核算。总分类核算只能用货币来计量。通过明细分类账户对经济业务进行的核算称为明细分类核算。需要注意的是，明细分类核算除了使用货币计量外，有些账户还需要用实物名称进行计量。"原材料"总分类账户和明细分类账户如表 2-1 所示。

表 2-1 "原材料"总分类账户和明细分类账户

| 总账分类账户 | 明细分类账户 ||
| :---: | :---: | :---: |
| （一级账户） | 二级明细分类账户 | 三级明细分类账户 |
| 原材料 | 原料及主要材料 | 圆钢、角钢 |
|  | 辅助材料 | 润滑剂、石炭酸 |
|  | 燃料 | 汽油、原煤 |

## 第三节　借贷记账法

### 一、借贷记账法的含义

借贷记账法是复式记账法的一种。复式记账法是以资产与权益的平衡关系为记账基础的，对于企业发生的每一项经济业务，必须以相同金额在两个或两个以上相互联系的账户上登记，全面、系统地反映会计要素的增减变化。例如，光明公司购买了一批原材料，使用现金支付 5000 元，原材料已验收入库。如使用复式记账法，需要在"库存现金"账户中记录支出 5000 元，并在"原材料"账户中记录增加 5000 元。因此，采用复式记账法记录经济业务时，应在相互联系、对应的账户上记录相同的金额，以清楚地反映资金的来龙去脉。

复式记账法主要有借贷记账法、增减记账法和收付记账法等，目前国际上通用的记账方法是借贷记账法。《企业会计准则——基本准则》明确规定，企业应当采用借贷记账法记录经济业务。

借贷记账法是指对发生的各项经济业务内容以相等的金额在两个或两个以上有关账户进行记录，记账符号为"借"和"贷"，记账规则为"有借必有贷，借贷必相等"，要求企业对生产经营中的经济业务以相等的金额、相反的方向，在两个或两个以上的账户上登记。

## 二、借贷记账法理论基础

借贷记账法的对象是会计要素的增减变动过程及其结果。这个过程及结果用公式可表述为：资产＝负债＋所有者权益，这也是借贷记账法的理论依据。可以从以下三个方面理解该等式。

第一，会计主体各要素之间的数字平衡关系。有一定数量的资产，就必然有相应数量的负债以及所有者权益与之相对应。经济业务所产生的增减变动，不影响等式的平衡。如果等式的"左"和"右"分别表示为"借"和"贷"，那么每一次记账的借方和贷方是平衡的，一定时期内账户的借贷双方的金额、账户的借方和贷方余额的合计数是平衡的。

第二，各会计要素增减变化的相互联系。复式记账法下所有的经济业务都会引起两个或者两个以上有关会计科目的金额变动，因此企业的经济业务发生后，应当记入一个账户，同时，必须与其他账户的记录相对应。

第三，等式所涉及的要素是对立统一的关系。如果用借方表示资产项目的增加，那么就要用贷方表示资产项目的减少。相反，贷方表示负债和所有者权益的增加额，借方就表示负债和所有者权益的减少额。

## 三、借贷记账法的账户结构

借贷记账法下账户的基本结构为：左为借方，右为贷方。通过会计等式"资产＋费用＝负债＋所有者权益＋收入"来确定哪一方登记增加、哪一方登记减少。

### （一）资产类账户

资产类账户借方记增加、贷方记减少，格式如图 2-3 所示。

**资产类账户**

| 借方 | 贷方 |
| --- | --- |
| 期初余额：a+b-c-d<br>本期增加额 a　增加额 b | 本期减少额 c　减少额 d |
| 本期借方发生额：a+b | 本期贷方发生额：c+d |
| 期末余额：a+b-c-d | |

图 2-3　资产类账户示意图

资产类账户的发生额和期末余额之间的关系为：

**资产类账户期末余额 = 借方期初余额 + 本期借方发生额 − 本期贷方减少额**

## （二）负债和所有者权益类账户

由于负债、所有者权益与资产分别位于等式的两边，为了保证等式的平衡，需在负债和所有者权益类账户贷方记录负债和所有者权益的增加额，借方记录减少额。其格式如图 2-4 所示。

**负债和所有者权益类账户**

| 借方 | 贷方 |
| --- | --- |
| 本期减少额 c　减少额 d | 期初余额：a+b-c-d<br>本期增加额 a　增加额 b |
| 本期借方发生额：c+d | 本期贷方发生额：a+b |
| | 期末余额：a+b-c-d |

图 2-4　负债和所有者权益类账户示意图

负债和所有者权益类账户的发生额和期末余额之间的关系为:

负债和所有者权益类账户期末余额 = 贷方期初余额 + 本期贷方发生额 − 本期借方减少额

### （三）成本费用类账户

企业的经济业务需要有各种支出，产生成本费用。在成本抵消收入以前，企业可以把它当作一种资产。例如"生产成本"包括生产某产品产生的直接和间接支出，但此时产品尚未完工结转入库，这综合反映了企业在生产该产品时发生的所有耗费。因此，成本费用和资产同在会计恒等式的左侧，其账户结构与资产账户结构类似。成本费用类账户的格式如图 2-5 所示。

**成本费用类账户**

| 借方 | 贷方 |
| --- | --- |
| 本期增加额 a　增加额 b | 本期减少额 c<br>本期转出额 a+b−c |
| 本期借方发生额：a+b | 本期贷方发生额：a+b |

图 2-5　成本费用类账户示意图

### （四）收入类账户

收入类账户结构与负债和所有者权益类账户结构一致，收入增加额记入该账户的贷方，其减少额则记入该账户的借方。通常来说，收入在贷方的增加额会通过借方转出，所以收入类账户一般没有期末余额。收入类账户的格式如图 2-6 所示。

收入类账户

| 借方 | 贷方 |
| --- | --- |
| 本期减少额 c<br>本期转出额 a+b-c | 本期增加额 a　增加额 b |
| 本期借方发生额：a+b | 本期贷方发生额：a+b |

图 2-6　收入类账户示意图

"借""贷"二字仅作为记账符号使用时，在不同会计账户中所表达的经济含义并不一致，具体如表 2-2 所示。

表 2-2　记账符号含义

| 借 | 贷 |
| --- | --- |
| 资产增加 | 资产减少 |
| 负债及所有者权益减少 | 负债及所有者权益增加 |
| 费用成本增加 | 费用成本转出 |
| 收入类转出 | 收入类增加 |

## 第四节　会计分录

### 一、会计分录的含义

会计分录是对每项经济业务列示出应借、应贷的账户名称及金额的一种记录。会计分录由应借应贷方向、相互对应的科目、其具体金额三个要素构成。在我国，会计分录记载于记账凭证中，其书写格式有以下五点要求。

第一，上借下贷，即借方在上、贷方在下；第二，左右错开，即贷方的文字和数字都要比借方后退两格书写；第三，在一借多贷或一贷多借或多借多贷的情况下，借方或贷方的文字要对齐，金额也应对齐；第四，金额后无须书写具体计量单位；第五，记明细分类账户时，应在总分类账户后注明。

【例2-1】

（1）收到投资者投入的价值200 000元的生产设备，投入生产使用。编制会计分录如下：

借：固定资产　　　　　　　　　　　　200 000
　　贷：实收资本　　　　　　　　　　　　200 000

（2）用库存现金50 000元偿还之前的短期借款。编制会计分录如下：

| 借：短期借款 | 50 000 |
|---|---|
| 　　贷：库存现金 | 50 000 |

（3）从银行提取现金1 000元，以备企业日常零星支出。编制会计分录如下：

| 借：库存现金 | 1 000 |
|---|---|
| 　　贷：银行存款 | 1 000 |

（4）签发30 000元的商业汇票，偿付之前所欠辉煌公司的货款。编制会计分录如下：

| 借：应付账款 | 30 000 |
|---|---|
| 　　贷：应付票据 | 30 000 |

（5）购入一批原材料，价款80 000元，银行存款支付60 000元，余款20 000元暂未支付。编制会计分录如下：

| 借：原材料 | 80 000 |
|---|---|
| 　　贷：银行存款 | 60 000 |
| 　　　　应付账款 | 20 000 |

## 二、会计分录的分类

会计分录可分为简单会计分录和复合会计分录：一借一贷的会计分录称为简单会计分录；一借多贷、多借一贷或多借多贷的会计分录称为复合会计分录。

复合会计分录是由几个简单的会计分录合并组成的，因此其可以分解为几个简单的会计分录。需要注意的是，实务中不能将几个彼此毫无关联的简单会计分录汇总为一个复合会计分录。

### 三、会计分录的编制步骤

编制会计分录是会计核算工作的基础,是会计从业人员需要掌握的基本技能。会计分录的编制步骤为:首先,确定与该项经济业务有关的账户名称;其次,分析与该项经济业务有关的账户金额是否增加或者减少,根据借贷记账法的账户结构和该项账户所属的会计要素确定该账户的记账方向;最后,根据企业生产经营发生的经济业务内容确定相应的账户需要登记的具体金额。

## 第五节 试算平衡

### 一、试算平衡的含义

试算平衡即根据借贷记账法的记账规则和资产与权益的恒等关系，对一定会计期间内所有账户的发生额和余额的汇总计算结果进行比较，以此检查会计记录是否准确。

### 二、试算平衡的分类

试算平衡可分为发生额试算平衡和余额试算平衡。

（一）发生额试算平衡

借贷记账法的记账规则是发生额试算平衡的依据。发生额试算平衡是指全部账户本期借方发生额合计与贷方发生额合计保持平衡。

全部账户本期借方发生额合计＝全部账户本期贷方发生额合计

（二）余额试算平衡

"资产＝负债＋所有者权益"是余额试算平衡的依据。余额试算平衡是指全部账户借方余额合计与全部账户贷方余额合计保持平衡。

全部账户的借方期初余额合计＝全部账户的贷方期初余额合计
全部账户的借方期末余额合计＝全部账户的贷方期末余额合计

# 第三章　会计凭证

　　会计凭证是记录企业在生产经营中的经济业务、明确经济责任的文件。会计凭证按编制程序和用途可分为原始凭证和记账凭证。原始凭证是会计核算的原始依据；记账凭证是登记会计账簿的直接依据。本章主要讲解会计凭证的种类及其包含的基本内容。

## 第一节　原始凭证

### 一、原始凭证的基本内容

原始凭证是记录和证明企业经济业务完成或发生情况的原始依据。《会计基础工作规范》规定，原始凭证的内容必须具备：凭证的名称；填制凭证的日期；填制凭证的单位名称或者填制人姓名；经办人员的签名或者盖章；接受凭证的单位名称；经济业务内容；数量、单价和金额。

企业可以根据会计核算和管理的需要，设计并制作符合本单位生产经营特点的原始凭证。相关业务主管部门可以根据在同一地区范围内经常发生的经济业务情况，统一设计和印刷原始凭证，例如银行统一印制现金支票、转账支票、银行汇票等。这样既可以统一原始凭证的内容和格式，也可以方便主管部门进行监管管理。随着税收领域"放管服"改革的深化，国家税务总局加大了推广使用电子发票的力度。增值税电子专用发票票样如图3-1所示。

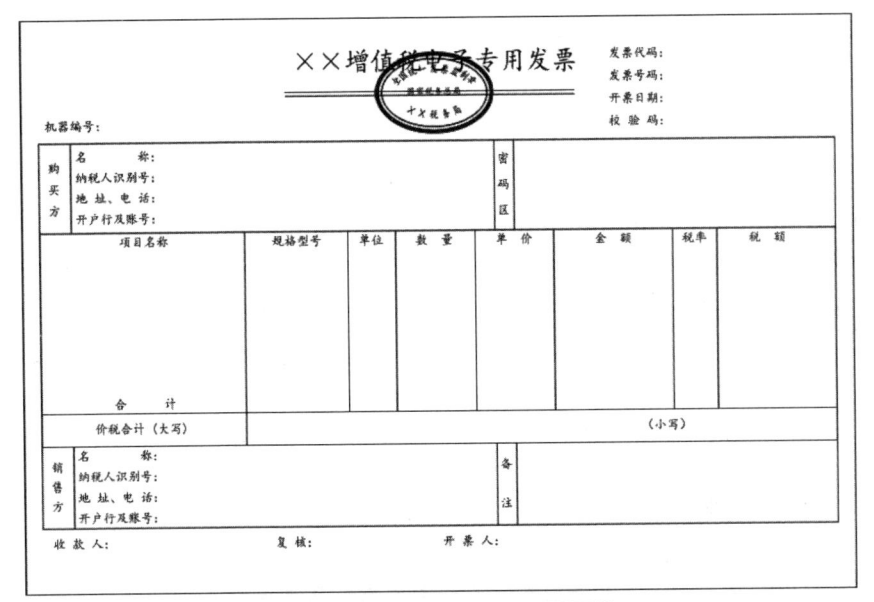

图 3-1　增值税电子专用发票票样

## 二、原始凭证的基本要求

为了保证原始凭证能正确、完整地反映经济业务，保证账务工作的质量，根据《会计基础工作规范》第四十八条规定，填制原始凭证必须符合以下要求。

（一）原始凭证的内容必须具备：凭证的名称；填制凭证的日期；填制凭证单位名称或者填制人姓名；经办人员的签名或者盖章；接受凭证的单位名称；经济业务内容；数量、单价和金额。

（二）从外单位取得的原始凭证，必须盖有填制单位的公章；从个人取得的原始凭证，必须有填制人员的签名或者盖章。自制原始凭证必须有经办单位领导人或者其指定的人员签名或者盖章。对外开出的原始凭证，必须加盖本单位公章。

（三）凡填有大写和小写金额的原始凭证，大写与小写金额必须相符。购买实物的原始凭证，必须有验收证明。支付款项的原始凭证，必须有收款单位和收款人的收款证明。

（四）一式几联的原始凭证，应当注明各联的用途，只能以一联作为报销凭证。

一式几联的发票和收据，必须用双面复写纸（发票和收据本身具备复写纸功能的除外）套写，并连续编号。作废时应当加盖"作废"戳记，连同存根一起保存，不得撕毁。

（五）发生销货退回的，除填制退货发票外，还必须有退货验收证明；退款时，必须取得对方的收款收据或者汇款银行的凭证，不得以退货发票代替收据。

（六）职工公出借款凭据，必须附在记账凭证之后。收回借款时，应当另开收据或者退还借据副本，不得退还原借款收据。

（七）经上级有关部门批准的经济业务，应当将批准文件作为原始凭证附件。如果批准文件需要单独归档的，应当在凭证上注明批准机关名称、日期和文件字号。

## 第二节　记账凭证

### 一、记账凭证的种类

会计凭证能够记录和反映种类繁多的经济业务。按其反映的经济业务内容不同，记账凭证可以分为收款凭证、付款凭证和转账凭证。

#### （一）收款凭证

收款凭证是专门用于记录现金和银行存款收款业务的会计凭证，是出纳人员收讫款项的依据，也是登记总账簿、现金日记账和银行存款日记账以及有关明细账的依据，一般按现金和银行存款分别编制。

#### （二）付款凭证

付款凭证是专门用于记录现金和银行存款付款业务的会计凭证，是出纳人员支付款项的依据，也是登记总账簿、现金日记账和银行存款日记账以及有关明细账的依据，一般按现金和银行存款分别编制。

#### （三）转账凭证

转账凭证是专门用于记录不涉及现金和银行存款收付款业务的会计凭证，是登记总账和有关明细账的依据。

综上所述，收款凭证、付款凭证和转账凭证分别用于记录现金及银行存款收款业务、现金及银行存款付款业务和转账业务。在实务中，为了避免对现金与银行存款之间的收付款业务重复记账，一般只编制付款凭证，不编制收款凭证。目前在实务工作中，企业普遍使用通用记账凭证代替收付款凭证及转账凭证。

## 二、记账凭证的基本内容

《会计基础工作规范》规定，企业要根据审核无误的原始凭证填制记账凭证。记账凭证可以分为收款凭证（现金或银行存款收款）、付款凭证（现金或银行存款付款）和转账凭证（不涉及现金或银行存款）。企业也可以把收款凭证、付款凭证和转账凭证合并成通用记账凭证，其样式如图3-2所示。

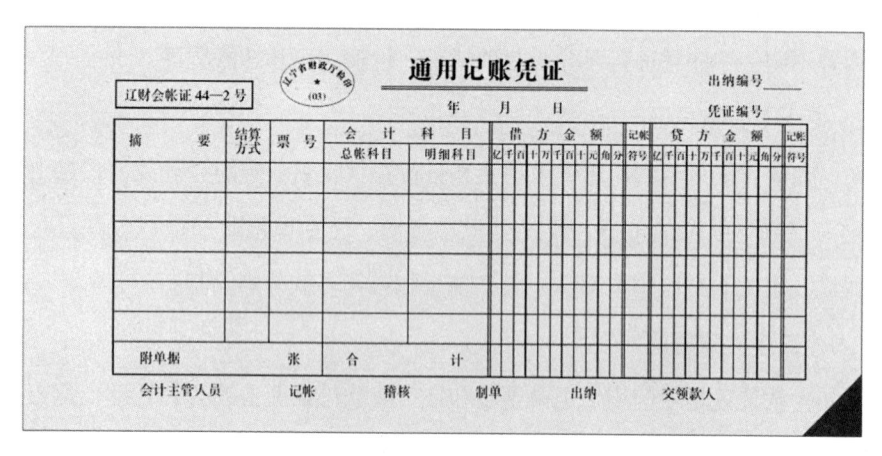

图 3-2 通用记账凭证

以自制的原始凭证或者原始凭证汇总表代替记账凭证的，也必须具备记账凭证应有的项目。

## 三、记账凭证的基本要求

记账凭证中，收、付款凭证一般由会计人员填制，但收支业务少的单位也可以由出纳人员填制。为了保证记账工作的质量，《会计基础工作规范》第五十一条规定，填制记账凭证必须符合以下要求。

（一）记账凭证的内容必须具备：填制凭证的日期；凭证编号；经济业务摘要；会计科目；金额；所附原始凭证张数；填制凭证人员、稽核人员、记账人员、会计机构负责人、会计主管人员签名或者盖章。收款和付款记账凭证还应当由出纳人员签名或者盖章。

以自制的原始凭证或者原始凭证汇总表代替记账凭证的，也必须具备记账凭证应有的项目。

（二）填制记账凭证时，应当对记账凭证进行连续编号。一笔经济业务需要填制两张以上记账凭证的，可以采用分数编号法编号。

（三）记账凭证可以根据每一张原始凭证填制，或者根据若干张同类原始凭证汇总填制，也可以根据原始凭证汇总表填制。但不得将不同内容和类别的原始凭证汇总填制在一张记账凭证上。

（四）除结账和更正错误的记账凭证可以不附原始凭证外，其他记账凭证必须附有原始凭证。如果一张原始凭证涉及几张记账凭证，可以把原始凭证附在一张主要的记账凭证后面，并在其他记账凭证上注明附有该原始凭证的记账凭证的编号或者附原始凭证复印件。

一张原始凭证所列支出需要几个单位共同负担的，应当将其他单位负担的部分，开给对方原始凭证分割单，进行结算。原始凭证分割单必须具备原始凭证的基本内容：凭证名称、填制凭证日期、填制凭证单位名称或者填制人姓名、经办人的签名或者盖章、接受凭证单位名称、经济业务内容、数量、单价、金额和费用分摊情况等。

（五）如果在填制记账凭证时发生错误，应当重新填制。已经登记入账的记账凭证，在当年内发现填写错误时，可以用红字填写一张与原内容相同的记账凭证，在摘要栏注明"注销某月某日某号凭证"字样，同时再用蓝字重新填制一张正确的记账凭证，注明"订正某月某日某号凭证"字样。如果会计科目没有错误，只是金额错误，也可以将正确数字与错误数字之间的差额，另编一张调整的记账凭证，调增金额用蓝字，调减金额用红字。发现以前年度记账凭证有错误的，应当用蓝字填制一张更正的记账凭证。

（六）记账凭证填制完经济业务事项后，如有空行，应当自金额栏最后一笔金额数字下的空行处至合计数上的空行处划线注销。

# 第四章　会计账簿

　　要全面、连续、系统地反映和监督一个经济单位一段时间内某类和全部经济业务的变化,就需要把分散的会计凭证核算资料集中和归类整理,登记到账簿中去。

# 第一节　设置与登记会计账簿

## 一、会计账簿概述

会计账簿是由具有一定格式的账页组成，以审核合格的会计凭证为依据，全面、系统、连续地记录各项经济业务和会计事项的簿籍。

### （一）会计账簿基本内容

启用会计账簿时，应当在账簿封面上写明单位名称和账簿名称。在账簿扉页上应当附启用表，见表4-1，内容包括：启用日期、账簿页数、记账人员和会计机构负责人、会计主管人员姓名，并加盖名章和单位公章。记账人员或者会计机构负责人、会计主管人员调动工作时，应当注明交接日期、接办人员或者监交人员姓名，并由交接双方人员签名或者盖章。

表 4-1　账簿启用表

| 单位名称 |  |  |  |  |  |  | 单位公章 |  |
|---|---|---|---|---|---|---|---|---|
| 账簿名称 | 账 |  |  |  |  |  |  |  |
| 账簿编号 | 字　　第　　号　第　　册　共　　册 |  |  |  |  |  |  |  |
| 账簿页数 | 本账簿共计　　页 |  |  |  |  |  |  |  |
| 启用日期 | 年　　月　　日 |  |  |  |  |  |  |  |
| 经管人员 | 接管 |  |  | 移交 |  |  | 会计负责人 |  |
| 姓名 | 盖章 | 年 | 月 | 日 | 年 | 月 | 日 | 姓名 | 盖章 |
|  |  |  |  |  |  |  |  | 印花税粘贴处 |  |
|  |  |  |  |  |  |  |  |  |  |
|  |  |  |  |  |  |  |  |  |  |
|  |  |  |  |  |  |  |  |  |  |

## （二）会计账簿的种类

会计账簿依照用途、账页格式、外形特征等进行分类。

### 1. 按用途分类

会计账簿分为序时账簿、分类账簿和备查账簿。

序时账簿，也叫日记账，按照经济业务发生的先后顺序逐日、逐笔登记。常见的有库存现金日记账和银行存款日记账。

分类账簿，按分类账户设置。分类账簿分为总分类账簿和明细分类账簿。总分类账簿，也称总账，按总分类账户设置，皆在总体反映某类经济活动。总分类账簿直接为编制财务报表提供数据资料。明细分类账簿，也称明细账，按明细分类账户设置，用来提供明细方面的核算资料。

备查账簿，又叫辅助登记簿或补充登记簿，用来对某些在序时账簿和分类账簿中记载不全的经济业务进行补充。

2. 按账页格式分类

会计账簿根据账页格式，主要分为三栏式、多栏式、数量金额式。

三栏式账簿，有借方、贷方以及余额三个金额栏目。各种日记账、总账以及资本、债权、债务明细账都可采用三栏式账簿。三栏式账簿又分为设对方科目与不设对方科目两种。其格式与总账的格式基本相同。

三栏式的银行存款日记账的账页格式如图4-1所示。

**银 行 存 款 日 记 账**

开户行名称：

| ××××年 || 凭证编号 || 摘要 | 收入（借方）金额 |||||||| 付出（贷方）金额 |||||||| 借或贷 | 结 存 金 额 ||||||||
|---|---|---|---|---|---|---|---|---|---|---|---|---|---|---|---|---|---|---|---|---|---|---|---|---|---|---|---|
| 月 | 日 | 字 | 号 | 支票号 |  | 千 | 百 | 十 | 万 | 千 | 百 | 十 | 元 | 角 | 分 | 千 | 百 | 十 | 万 | 千 | 百 | 十 | 元 | 角 | 分 |  | 千 | 百 | 十 | 万 | 千 | 百 | 十 | 元 | 角 | 分 |
|  |  |  |  |  |  |  |  |  |  |  |  |  |  |  |  |  |  |  |  |  |  |  |  |  |  |  |  |  |  |  |  |  |  |  |  |  |
|  |  |  |  |  |  |  |  |  |  |  |  |  |  |  |  |  |  |  |  |  |  |  |  |  |  |  |  |  |  |  |  |  |  |  |  |  |

图4-1 银行存款日记账

多栏式账簿是指在账簿的借方和贷方的金额栏分别按需要分设多个专栏的账簿。这种账簿可以按"借方"和"贷方"分设专栏，也可以只设"借方"或"贷方"专栏，所设栏数按具体需要确定。多栏式账簿多用于收入、成本、费用明细账，账页格式如表4-2所示。

数量金额式账簿是指在账簿的借、贷以及余额三栏项目内，每个栏目再设数量、单价和金额三个小栏目，借以反映财产物资的实际数量和价值的账簿。原材料、库存商品等明细账一般采用数量金额式账簿，账页格式如表4-3所示。

第四章 会计账簿

表4-2 多栏式明细分类账
制造费用　明细分类账

| 月 | 年 | 日 | 凭证号码 | 摘要 | 借方 | 贷方 | 余额 | 物料消耗 | 水电费 | 工资及福利费 | 工会经费 | 职工教育经费 | 折旧费 |
|---|---|---|---|---|---|---|---|---|---|---|---|---|---|
| 1 | | 18 | （略） | 车间领用工作服 | 6300 | | | 6000 | | | | | |
| 1 | | 31 | （略） | 水电费 | 5700 | | | | 5700 | | | | |
| 1 | | 31 | （略） | 车间人员工资 | 20000 | | | | | 20000 | | | |
| 1 | | 31 | （略） | 车间人员福利费 | 2800 | | | | | 2800 | | | |
| 1 | | 31 | （略） | 车间人员工会经费 | 400 | | | | | | 400 | | |

续表

| 月 | 年 日 | 凭证号码 | 摘要 | 借方 | 贷方 | 余额 | 物料消耗 | 水电费 | 工资及福利费 | 工会经费 | 职工教育经费 | 折旧费 |
|---|---|---|---|---|---|---|---|---|---|---|---|---|
| 1 | 31 | （略） | 车间人员职工教育经费 | 300 | | | | | | | 300 | |
| 1 | 31 | （略） | 生产用固定资产折旧费 | 3900 | | | | | | | | 3900 |
| 1 | 31 | （略） | 车间耗费材料 | 5000 | | | 5000 | | | | | |
| 1 | 31 | （略） | 分配制造费用 | | 44 100 | 0 | 11 000 | 5700 | 22 800 | 400 | 300 | 3900 |
| 1 | 31 | （略） | 本月合计 | 44 100 | 44 100 | | 0 | 0 | 0 | 0 | 0 | 0 |

表 4-3 数量金额式明细分类账

科目名称：原材料
品名：甲材料　　　　　　　　　　　　计量单位：　　　　　　　　　　　　规格：

| 年 | | 凭证号码 | 摘要 | 收入 | | | 发出 | | | 结存 | | |
|---|---|---|---|---|---|---|---|---|---|---|---|---|
| 月 | 日 | | | 数量 | 单价 | 金额 | 数量 | 单价 | 金额 | 数量 | 单价 | 金额 |
| 5 | 1 | 略 | 月初结存 | | | | | | | 1000 | 2 | 2000 |
| 5 | 3 | | 购入材料 | 2000 | 2 | 4000 | | | | 3000 | 2 | 6000 |
| 5 | 4 | | 发出材料 | | | | 1500 | 2 | 3000 | 1500 | 2 | 3000 |

### 3. 按外形特征分类

会计账簿可以分为订本式、活页式、卡片式。

订本式账簿，亦称订本账，是使用前将标有顺序页码的账页装订成册的账簿。订本账的优点是可防止账页散失和抽换账页，缺点是不能准确预留账页。订本式账簿一般用于重要的和总结性的总分类账、库存现金日记账和银行存款日记账。

活页式账簿，亦称活页账，是将账页置于活页夹内，可根据记账内容的变化随时增减部分账页的账簿。活页式账簿的优点是记账时可以根据需要随时把空白账页装入账簿，或抽去不需要的账页，方便分工记账；缺点是如果管理不当会造成账页散失或蓄意抽换账页。活页式账簿一般用于明细分类账。

卡片式账簿，亦称卡片账，是把卡片式账页存放于专门设置的卡片箱中，可根据实际需要随时增添账页的账簿。在我国，企业一般在固定资产核算时使用卡片账，少数企业在材料核算时也采用卡片账。

## 二、登记账簿的基本要求

根据《会计基础工作规范》第六十条，会计人员应当根据审核无误的会计凭证登记会计账簿。登记账簿的基本要求如下。

（一）登记会计账簿时，应当将会计凭证日期、编号、业务内容摘要、金额和其他有关资料逐项记入账内，做到数字准确、摘要清楚、登记及时、字迹工整。

（二）登记完毕后，要在记账凭证上签名或者盖章，并注明已经登账的符号，表示已经记账。

（三）账簿中书写的文字和数字上面要留有适当空格，不要写满格；一般应占格距的二分之一。

（四）登记账簿要用蓝黑墨水或者碳素墨水书写，不得使用圆珠笔（银行的复写账簿除外）或者铅笔书写。

（五）下列情况，可以用红色墨水记账：

1. 按照红字冲账的记账凭证，冲销错误记录；

2. 在不设借贷等栏的多栏式账页中，登记减少数；

3. 在三栏式账户的余额栏前，如未印明余额方向的，在余额栏内登记负数余额；

4. 根据国家统一会计制度的规定可以用红字登记的其他会计记录。

（六）各种账簿按页次顺序连续登记，不得跳行、隔页。如果发生跳行、隔页，应当将空行、空页划线注销，或者注明"此行空白""此页空白"字样，并由记账人员签名或者盖章。

（七）凡需要结出余额的账户，结出余额后，应当在"借或贷"等栏内写明"借"或者"贷"等字样。没有余额的账户，应当在"借或贷"等栏内写"平"字，并在余额栏内用"θ"表示。

现金日记账和银行存款日记账必须逐日结出余额。

（八）每一账页登记完毕结转下页时，应当结出本页合计数及余额，写在本页最后一行和下页第一行有关栏内，并在摘要栏内注明"过次页"和"承前页"字样；也可以将本页合计数及金额只写在下页第一行有关栏内，并在摘要栏内注明"承前页"字样。

对需要结计本月发生额的账户，结计"过次页"的本页合计数应当为自本月初起至本页末止的发生额合计数；对需要结计本年累计发生额的账户，结计"过次页"的本页合计数应当为自年初起至本页末止的累计数；对既不需要结计本月发生额也不需要结计本年累计发生额的账户，可以只将每页末的余额结转次页。

## 第二节　错账更正方法

本节所指的错账是会计账簿记录中的错误，记账凭证的错误更正方法已经在前文里阐述过了。对于会计人员而言，发现错账或账簿记录发生错误，不可涂改、挖补、刮擦或者用药水消除字迹，不准重新抄写，可采取以下三种方法进行更正。

### 一、划线更正法

（一）适用范围

每日结账前，发现账簿记录有错误，而记账凭证正确时，对于账簿记录的文字、数字错误，记账方向错误，过错账户等，都可以采用划线法加以更正。

（二）更正方法

登记账簿时发生错误，应当将错误的文字或者数字划红线注销，但必须使原有字迹仍可辨认；然后在线上方填写正确的文字或者数字，并由记账人员在更正处盖章。对于错误的数字，应当全部划红线更正，不得只更正其中的错误数字。对于文字错误，可只划去错误的部分。

（三）举例

1. 文字更正。如把"支付材料款"写成了"支付购货款"，应用红线划去"购货"二字，在"购货"二字上面写上"材料"二字，并由记账人员在更正处盖章。

2. 数字或方向、账户错误更正。如把金额"908"记成了"988",应用红线划去"988",并在划去的数字上面(或正确的方向、账户位置)写上"908",并由记账人员在更正处盖章。

## 二、红字更正法

### (一)适用范围

红字更正法,又称红字冲销法,适用于记账凭证错误而使账簿记录发生错误的情况:一是登记账簿后发现记账凭证中应借、应贷会计科目或记账方向有错误;二是登记账簿后发现记账凭证中应借、应贷会计科目和记账方向均没有错误,只是记账凭证中所填金额大于应记的正确金额。

### (二)更正方法

按照红字冲账的记账凭证,冲销错误记录:应先用红字填制一张与原错误记账凭证内容完全一样的记账凭证,并以红字登记入账,冲销原有的错误记录,然后用正常颜色填制一张正确金额的记账凭证,并以正常颜色登记账簿。

【例4-1】

某企业外购办公用品花费200元,经转账支付,本应贷记"银行存款"科目,但其编制的记账凭证分录如下:

借:管理费用　　　　　　　　　　　200
　贷:库存现金　　　　　　　　　　　200

记账后发现以上错误时,做以下处理:

(1)编制红字记账凭证并用红字记账(不能用红笔书写时,用矩形方框表示里面的数字为红色)。

借：管理费用　　　　　　　　　　　　　｜200｜

　　贷：库存现金　　　　　　　　　　　　　｜200｜

（2）编制一张正确的蓝字记账凭证并用蓝字记账。

借：管理费用　　　　　　　　　　　　　200

　　贷：银行存款　　　　　　　　　　　　　200

## 三、补充登记法

（一）适用范围

适用于记账后发现记账凭证中应借、应贷科目和方向都正确，只是所记金额小于应计金额这样的错误更正。

（二）更正方法

更正时，应将少记金额用蓝字填一张与原记账凭证会计科目和记账方向都相同的记账凭证并据以记账。

【例4-2】

用银行存款外购达到预定用途的设备，价值210 000元。填制记账凭证时错写成200 000元，据此记账，少记了10 000元。

以下为原记账凭证分录：

借：固定资产　　　　　　　　　　　　200 000

　　贷：银行存款　　　　　　　　　　　　200 000

更正时应将少记的10 000元用蓝字编制一张与原记账凭证会计科目和记账方向都相同的记账凭证，并据以记账。

以下为补记分录：

借：固定资产　　　　　　　　　　　　10 000

贷：银行存款　　　　　　　　　　　　　　　　10 000

用蓝字登记入账。

能用补充登记法更正的错误，也可以用红字更正法进行更正。即用红字凭证冲销原记录，再用蓝字编制正确分录进行更正。

在用红字更正法和补充登记法进行更正时，在更正错误的记账凭证上，应注明被更正的记账凭证的编号与记账日期，以便核对查考。

前面所说的红字记账凭证与红字记账，均指金额用红色墨水笔书写，其他内容不能用红笔书写。本节中的红字金额用方框表示。

应注意的是，不管是红字记账凭证，还是正常颜色的记账凭证，只有过账（账簿登记）后才起到了更正账面记录的作用，所以要对更正错账的记账凭证及时过账。

## 第三节　对账与结账

### 一、对账

《会计基础工作规范》规定，各单位应当定期对会计账簿记录的有关数字与库存实物、货币资金、有价证券、往来单位或者个人等进行相互核对，保证账证相符、账账相符、账实相符。对账工作每年至少进行一次。

#### （一）账证核对

核对会计账簿记录与原始凭证、记账凭证的时间、凭证字号、内容、金额是否一致，记账方向是否相符。

#### （二）账账核对

核对不同会计账簿之间的账簿记录是否相符，包括：总账有关账户的余额核对、总账与明细账核对、总账与日记账核对、会计部门的财产物资明细账与财产物资保管和使用部门的有关明细账核对等。

#### （三）账实核对

核对会计账簿记录与财产等实有数额是否相符。包括：现金日记账账面余额与现金实际库存数相核对，银行存款日记账账面余额定期与银行对账单相核对，各种财物明细账账面余额与财物实存数额相核对，各种应收、应付款明细账账面余额与有关债务、债权单位或者个人核对等。

## 二、结账

结账,是指定期结算账簿记录。在会计期末(月末、季末或年末)编制财务报表前先要结账,包括月结、季结和年结。结账的内容通常包括两个方面:一是结算各类损益类账户,以此确定本期利润;二是结算各资产负债和所有者权益账户的本期发生额合计和期末余额。《会计基础工作规范》规定结账的要点主要有以下三点。

(1)结账前,必须将本期内所发生的各项经济业务全部登记入账。

(2)结账时,应当结出每个账户的期末余额。需要结出当月发生额的,应当在摘要栏内注明"本月合计"字样,并在下面通栏划单红线。需要结出本年累计发生额的,应当在摘要栏内注明"本年累计"字样,并在下面通栏划单红线;12月末的"本年累计"就是全年累计发生额。全年累计发生额下面应当通栏划双红线。年度终了结账时,所有总账账户都应当结出全年发生额和年末余额。

(3)年度终了,要把各账户的余额结转到下一会计年度,并在摘要栏注明"结转下年"字样;在下一会计年度新建有关会计账簿的第一行余额栏内填写上年结转的余额,并在摘要栏注明"上年结转"字样。

# 第五章　编制财务会计报告

在会计核算中，报告是财务会计程序的最后一步，也是财务会计人员工作的最终成果和会计信息使用者的主要信息来源。财务会计报告是企业对外提供的反映企业某一特定日期的财务状况和某一会计期间的经营成果、现金流量等会计信息的文件。财务会计报告包括会计报表及其附注和其他应当在财务会计报告中披露的相关信息和资料。会计报表应当包括资产负债表、利润表、现金流量表等。

## 第一节 资产负债表

### 一、资产负债表的内容

资产负债表反映企业在某一特定日期的财务状况，即反映企业在某一特定日期拥有或控制的经济资源、所承担的现时义务以及所有者对净资产的要求权。资产负债表着重展示企业的资产规模和资产结构，显示企业的变现能力、周转能力和资产安全系数等。所谓的资产结构，就是各种资产在企业总资产中的占比。

### 二、资产负债表的编制结构

我国资产负债表的结构是账户式，分为左右两边：左边为资产类项目，反映全部资产的分布及存在形态；右边为负债和所有者权益类项目，反映全部负债和所有者权益的内容及构成情况，如表 5-1 所示。资产负债表左右平衡，资产 = 负债 + 所有者权益。此外，为便于使用者比较不同时间的资产负债表中的数据，便于比较前后两年的财务状况，以掌握企业财务的真实状况，资产负债表应分为"期末余额"和"上年年末余额"两栏分别填列。

根据《企业会计准则第 30 号——财务报表列报》的规定，按照从上到下，从左到右的顺序，资产负债表的编排基本是按照流动性进行的。

流动性一般按资产的变现或耗用时间长短或者负债的偿还时间长短来确定。

2019年4月30日，财政部发布了《关于修订2019年度一般企业财务报表格式的通知》，这是继2017年末和2018年6月发布财务报表格式修订，以及2018年9月发布对财务报表格式有关问题的解读之后，财务报表格式的又一次变化。此次主要应对分阶段实施的新租赁准则，以及《企业会计准则》实施中的有关情况。本章的报表格式来源于2019年度一般企业财务报表格式（适用于已执行新金融准则、新收入准则和新租赁准则的企业），详见表5-1所示。

表5-1  资产负债表

会企01表

编制单位：　　　　　　　　　年　月　日　　　　　　　单位：元

| 资产 | 期末余额 | 上年年末余额 | 负债和所有者权益（或股东权益） | 期末余额 | 上年年末余额 |
|---|---|---|---|---|---|
| 流动资产： | | | 流动负债： | | |
| 货币资金 | | | 短期借款 | | |
| 交易性金融资产 | | | 交易性金融负债 | | |
| 衍生金融资产 | | | 衍生金融负债 | | |
| 应收票据 | | | 应付票据 | | |
| 应收账款 | | | 应付账款 | | |
| 应收款项融资 | | | 预收款项 | | |
| 预付款项 | | | 合同负债 | | |

续表

| 资产 | 期末余额 | 上年年末余额 | 负债和所有者权益（或股东权益） | 期末余额 | 上年年末余额 |
|---|---|---|---|---|---|
| 其他应收款 | | | 应付职工薪酬 | | |
| 存货 | | | 应交税费 | | |
| 合同资产 | | | 其他应付款 | | |
| 持有待售资产 | | | 持有待售负债 | | |
| 一年内到期的非流动资产 | | | 一年内到期的非流动负债 | | |
| 其他流动资产 | | | 其他流动负债 | | |
| 流动资产合计 | | | 流动负债合计 | | |
| 非流动资产： | | | 非流动负债： | | |
| 债权投资 | | | 长期借款 | | |
| 其他债权投资 | | | 应付债券 | | |
| 长期应收款 | | | 其中：优先股 | | |
| 长期股权投资 | | | 永续债 | | |
| 其他权益工具投资 | | | 租赁负债 | | |
| 其他非流动金融资产 | | | 长期应付款 | | |
| 投资性房地产 | | | 预计负债 | | |
| 固定资产 | | | 递延收益 | | |
| 在建工程 | | | 递延所得税负债 | | |

续表

| 资产 | 期末余额 | 上年年末余额 | 负债和所有者权益（或股东权益） | 期末余额 | 上年年末余额 |
|---|---|---|---|---|---|
| 生产性生物资产 | | | 其他非流动负债 | | |
| 油气资产 | | | 非流动负债合计 | | |
| 使用权资产 | | | 负债合计 | | |
| 无形资产 | | | **所有者权益（或股东权益）：** | | |
| 开发支出 | | | 实收资本（或股本） | | |
| 商誉 | | | 其他权益工具 | | |
| 长期待摊费用 | | | 其中：优先股 | | |
| 递延所得税资产 | | | 永续债 | | |
| 其他非流动资产 | | | 资本公积 | | |
| 非流动资产合计 | | | 减：库存股 | | |
| | | | 其他综合收益 | | |
| | | | 专项储备 | | |
| | | | 盈余公积 | | |
| | | | 未分配利润 | | |
| | | | 所有者权益（或股东权益）合计 | | |
| **资产总计** | | | 负债和所有者权益（或股东权益）总计 | | |

## 三、资产负债表项目的填列方法

### （一）资产负债表"期末余额"栏的填列方法

上表 5-1 中"期末余额"栏一般要根据资产、负债和所有者权益类科目的期末余额填列。

#### 1. 根据总账科目的余额填列

例如，"其他权益工具投资""资本公积""其他综合收益"等项目，要根据有关总账科目的余额填列。有些项目则应根据几个总账科目的余额计算填列，如"货币资金""其他应付款"等项目。

#### 2. 根据明细账科目的余额填列

例如，"开发支出"项目，应根据"研发支出"科目中所属的"资本化支出"明细科目期末余额填列；"应付账款"项目，应根据"应付账款"和"预付账款"科目所属的相关明细科目的期末贷方余额合计数填列；"预收款项"项目，应根据"预收账款"和"应收账款"科目所属各明细科目的期末贷方余额合计数进行填列。

#### 3. 根据总账科目和明细账科目的余额填列

例如，"长期借款"项目，应将"长期借款"总账科目余额，减去该科目所属的明细科目中将于资产负债表日起一年内到期且企业必须偿还的金额后的金额进行填列。

#### 4. 根据有关科目余额减去其备抵科目余额后的净额填列

例如，"固定资产"项目，应根据"固定资产"和"固定资产清理"科目的期末余额，减去"累计折旧"和"固定资产减值准备"科目的期末余额后的金额填列；"长期应付款"项目，应根据"长期应付款"和"专项应付款"科目的期末余额，减去相应的"未确认融资费用"科目期末余额后的金额进行填列。

5. 综合运用上述填列方法填列

例如,"应收账款"项目,应根据"应收账款"科目的期末余额,减去"坏账准备"科目中相关坏账准备期末余额后的金额进行填列。

(二)资产负债表"上年年末余额"栏的填列方法

表 5-1 中的"上年年末余额"栏通常根据上年末有关项目的期末余额填列,且与上年末资产负债表"期末余额"栏相一致,如果企业发生了会计政策变更、前期差错更正,应当对"上年年末余额"栏中的有关项目进行相应调整。如果企业上年度资产负债表规定的项目名称和内容与本年度的规定不一致,应当对上年年末资产负债表相关项目的名称和内容按照本年度的规定进行调整,然后将金额填入"上年年末余额"栏。

## 第二节　利润表

### 一、利润表的内容

利润表是反映企业在一定会计期间的经营成果的报表。利润表中的数据要明确表现出企业经营业绩的主要来源和构成，有助于使用者判断净利润的质量、风险以及预测净利润的持续性，从而做出正确的决策。利润表能反映出企业一定会计期间的收入情况，能反映出企业一定会计期间的费用耗费情况，能反映出企业在一定会计期间的生产经营活动的成果，等等。将利润表中的信息与资产负债表中的信息相结合，可以形成进行财务分析的基本资料，如将销货成本与存货平均余额进行比较，计算出存货周转率，将净利润与资产总额进行比较，计算出资产收益率等；可以表现企业资金周转情况以及企业的盈利能力和水平，便于报表使用者判断企业未来的发展趋势，做出经济决策。

### 二、利润表的编制结构

利润表的常见结构主要分为单步式和多步式。我国企业的利润表基本上采用多步式结构，如表5-2所示，即通过对当期的收入、费用、支出项目按性质加以归类，按利润形成的主要环节列示一些中间性利润指标，分步计算当期净损益，以便使用者理解企业经营成果的不同来源。利润表主要反映以下几方面的内容：①营业收入，由主营业务收入和其他业务收入组成；②营业利润，即营业收入减去营业成本（主营业务成本、其他业务成本）、税金及附加、销售费用、管理费用、研发费用、财务费用、信用减值损失、资产减值损失，加上其他收益、投资收益、净敞口套期收益、公允价值变动收益、资产处置收益；③利润总额，即营业利润加上营业外收入，减去营业外支出；④净利润，即利润总额减去所得税费用，按照经营可持续性，具体分为"持续经营净利润"和"终止经营净利润"两项。上市公司还需要披露每股收益，包括基本每股收益和稀释每股收益两项指标。

根据2014年修订的《企业会计准则第30号——财务报表列报》，利润表中正式增设"其他综合收益"和"综合收益总额"两个项目。

此外，为了使报表使用者能够对不同期间利润的实现情况进行比较，判断企业经营成果未来可能的走势，企业需要提供比较利润表。利润表中就各项目再分为"本期金额"和"上期金额"两栏分别填列，详见表5-2所示。

表5-2 利润表

会企02表

编制单位： 　　　　　　年　月　　　　　　单位：元

| 项目 | 本期金额 | 上期金额 |
|---|---|---|
| 一、营业收入 | | |
| 　　减：营业成本 | | |
| 　　　　税金及附加 | | |
| 　　　　销售费用 | | |

续表

| 项目 | 本期金额 | 上期金额 |
|---|---|---|
| 管理费用 | | |
| 研发费用 | | |
| 财务费用 | | |
| 其中：利息费用 | | |
| 利息收入 | | |
| 加：其他收益 | | |
| 投资收益（损失以"-"号填列） | | |
| 其中：对联营企业和合营企业的投资收益 | | |
| 以摊余成本计量的金融资产终止确认收益（损失以"-"号填列） | | |
| 净敞口套期收益（损失以"-"号填列） | | |
| 公允价值变动收益（损失以"-"号填列） | | |
| 信用减值损失（损失以"-"号填列） | | |
| 资产减值损失（损失以"-"号填列） | | |
| 资产处置收益（损失以"-"号填列） | | |
| 二、营业利润（亏损以"-"号填列） | | |
| 加：营业外收入 | | |
| 减：营业外支出 | | |
| 三、利润总额（亏损总额以"-"号填列） | | |

续表

| 项目 | 本期金额 | 上期金额 |
|---|---|---|
| 减：所得税费用 | | |
| 四、净利润（净亏损以"-"号填列） | | |
| （一）持续经营净利润（净亏损以"-"号填列） | | |
| （二）终止经营净利润（净亏损以"-"号填列） | | |
| 五、其他综合收益的税后净额 | | |
| （一）不能重分类进损益的其他综合收益 | | |
| 1. 重新计量设定受益计划变动额 | | |
| 2. 权益法下不能转损益的其他综合收益 | | |
| 3. 其他权益工具投资公允价值变动 | | |
| 4. 企业自身信用风险公允价值变动 | | |
| …… | | |
| （二）将重分类进损益的其他综合收益 | | |
| 1. 权益法下可转损益的其他综合收益 | | |
| 2. 其他债权投资公允价值变动 | | |
| 3. 金融资产重分类计入其他综合收益的金额 | | |
| 4. 其他债权投资信用减值准备 | | |
| 5. 现金流量套期储备 | | |
| 6. 外币财务报表折算差额 | | |

续表

| 项目 | 本期金额 | 上期金额 |
| --- | --- | --- |
| …… | | |
| 六、综合收益总额 | | |
| 七、每股收益 | | |
| （一）基本每股收益 | | |
| （二）稀释每股收益 | | |

## 三、利润表项目的填列方法

（一）利润表"本期金额"栏的填列方法

表5-2"本期金额"栏一般应根据损益类科目发生额填列。

1. 根据损益类科目发生额填列

例如，"营业收入""营业成本""税金及附加"等项目，应根据有关损益类科目的发生额填列。

2. 根据损益类科目及其所属明细科目发生额分析填列

例如，"研发费用"项目，应根据"管理费用"科目下的"研发费用"明细科目的发生额，以及"管理费用"科目下的"无形资产摊销"明细科目的发生额分析填列。

又如，"利息费用"和"利息收入"项目，应根据"财务费用"科目所属的相关明细科目的发生额分析填列，且将之作为"财务费用"项目的其中项以正数填列。

3. 根据其他类科目发生额填列

例如，"其他综合收益的税后净额"项目及其各组成部分，应根据"其他综合收益"科目及其所属明细科目的本期发生额填列。

## （二）利润表"上期金额"栏的填列方法

表 5-2 中的"上期金额"栏应根据上年同期利润表"本期金额"栏内所列数字填列。如果上年同期利润表规定的项目名称和内容与本期的不一致，应对上年同期利润表各项目的名称和金额按照本期的规定进行调整，并填入"上期金额"栏。

## 第三节　现金流量表

### 一、现金流量表的内容

现金流量表是指反映企业在一定会计期间的现金和现金等价物流入和流出的会计报表。现金，是指企业库存现金以及可以随时用于支付的存款；现金等价物，是指企业持有的期限短、流动性强、易于转换为已知金额现金、价值变动风险很小的投资。现金流量表是把现金及现金等价物视为一个整体。

现金流量表能够使报表使用者了解现金流量的主要影响因素，评价企业的支付能力、偿债能力和周转能力，预测企业未来现金流量，为其决策提供有力依据。小企业编制的会计报表可以不包括现金流量表。

### 二、现金流量表的编制结构

从编制原则角度看，现金流量表的编制采用收付实现制，将权责发生制下的盈利信息调整为收付实现制下的现金流量信息。从编制内容角度看，现金流量表可分为经营活动、投资活动和筹资活动三个部分，每个部分又分为各具体项目。这些项目从不同角度反映企业业务活动的现金流入与流出，填补了资产负债表和利润表没有提供的信息。现金流量表的具体格式见表5-3。

### 表 5-3  现金流量表

会企 03 表

编制单位：　　　　　　　　　　　年　月　　　　　　　　　单位：元

| 项目 | 本期金额 | 上期金额 |
|---|---|---|
| 一、经营活动产生的现金流量 | | |
| 　销售商品、提供劳务收到的现金 | | |
| 　收到的税费返还 | | |
| 　收到其他与经营活动有关的现金 | | |
| 　　经营活动现金流入小计 | | |
| 　购买商品、接受劳务支付的现金 | | |
| 　支付给职工以及为职工支付的现金 | | |
| 　支付的各项税费 | | |
| 　支付其他与经营活动有关的现金 | | |
| 　　经营活动现金流出小计 | | |
| 　　经营活动产生的现金流量净额 | | |
| 二、投资活动产生的现金流量 | | |
| 　收回投资收到的现金 | | |
| 　取得投资收益收到的现金 | | |
| 　处置固定资产、无形资产和其他长期资产收回的现金净额 | | |
| 　处置子公司及其他营业单位收到的现金净额 | | |
| 　收到其他与投资活动有关的现金 | | |
| 　　投资活动现金流入小计 | | |
| 　购建固定资产、无形资产和其他长期资产支付的现金 | | |

续表

| 项目 | 本期金额 | 上期金额 |
|---|---|---|
| 投资支付的现金 | | |
| 取得子公司及其他营业单位支付的现金净额 | | |
| 支付其他与投资活动有关的现金 | | |
|     投资活动现金流出小计 | | |
|         投资活动产生的现金流量净额 | | |
| 三、筹资活动产生的现金流量 | | |
|   吸收投资收到的现金 | | |
|   取得借款收到的现金 | | |
|   收到其他与筹资活动有关的现金 | | |
|     筹资活动现金流入小计 | | |
|   偿还债务支付的现金 | | |
|   分配股利、利润或偿付利息支付的现金 | | |
|   支付其他与筹资活动有关的现金 | | |
|     筹资活动现金流出小计 | | |
|         筹资活动产生的现金流量净额 | | |
| 四、汇率变动对现金及现金等价物的影响 | | |
| 五、现金及现金等价物净增加额 | | |
|   加：期初现金及现金等价物余额 | | |
| 六、期末现金及现金等价物余额 | | |

### 三、现金流量表项目的填列方法

现金流量表列报经营活动现金流量的方法分为直接法和间接法。

直接法一般是以利润表中的营业收入为基础进行计算，调节与经营活动有关的项目的增减变动，然后计算出经营活动产生的现金流量。间接法是将净利润调节为经营活动现金流量，也就是将权责发生制原则确定的净利润调整为现金净流入，并剔除投资活动和筹资活动对现金流量的影响。

采用直接法编制的现金流量表有利于分析企业经营活动产生现金流量的来源和用途，预测企业现金流量的未来前景；采用间接法编制的现金流量表有利于比较净利润与经营活动产生的现金流量净额，了解净利润与经营活动产生的现金流量净额产生差异的原因，从现金流量的角度分析净利润的质量。所以，我国《企业会计准则第31号——现金流量表》规定企业应当采用直接法编报现金流量表，同时要求在附注中提供将净利润调节为经营活动现金流量的相关信息。

## 第四节 所有者权益变动表

### 一、所有者权益变动表的内容

所有者权益变动表应当反映构成所有者权益的各组成部分当期的增减变动情况。所有者权益变动表不仅包括所有者权益总量的增减变动，还包括所有者权益增减变动的重要结构性信息，让报表使用者准确理解所有者权益增减变动的根源。

### 二、所有者权益变动表的编制结构

所有者权益变动表一般以矩阵的形式列示，这样能够清楚地表明构成所有者权益的各组成部分当期的增减变动情况：一方面，列示导致所有者权益变动的交易或事项时，从所有者权益变动的来源对一定时期的所有者权益变动情况进行全面反映；另一方面，按照所有者权益各组成部分（包括实收资本、资本公积、其他综合收益、盈余公积、未分配利润和库存股等）及其总额列示交易或事项对所有者权益的影响。此外，企业还需要比较所有者权益变信息（见表5-4），该所有者权益变动表还就各项目再分为"本年金额"和"上年金额"两栏分别填列。

## 表 5-4 所有者权益变动表

会企 04 表

编制单位：　　　　　　　　　　　　　　　年度　　　　　　　　　　　　　　　　单位：元

| 项目 | 本年金额 ||||||||| 上年金额 |||||||||
|---|---|---|---|---|---|---|---|---|---|---|---|---|---|---|---|---|---|---|
| | 实收资本（或股本） | 其他权益工具 || | 资本公积 | 减：库存股 | 其他综合收益 | 专项储备 | 盈余公积 | 未分配利润 | 所有者权益合计 | 实收资本（或股本） | 其他权益工具 || | 资本公积 | 减：库存股 | 其他综合收益 | 专项储备 | 盈余公积 | 未分配利润 | 所有者权益合计 |
| | | 优先股 | 永续债 | 其他 | | | | | | | | | 优先股 | 永续债 | 其他 | | | | | | | |
| 一、上年年末余额 | | | | | | | | | | | | | | | | | | | | | |
| 加：会计政策变更 | | | | | | | | | | | | | | | | | | | | | |
| 前期差错更正 | | | | | | | | | | | | | | | | | | | | | |
| 其他 | | | | | | | | | | | | | | | | | | | | | |
| 二、本年年初余额 | | | | | | | | | | | | | | | | | | | | | |
| 三、本年增减变动金额（减少以"-"号填列） | | | | | | | | | | | | | | | | | | | | | |
| （一）综合收益总额 | | | | | | | | | | | | | | | | | | | | | |
| （二）所有者投入和减少资本 | | | | | | | | | | | | | | | | | | | | | |

续表

| 项目 | 本年金额 ||||||||||| 上年金额 |||||||||||
|---|---|---|---|---|---|---|---|---|---|---|---|---|---|---|---|---|---|---|---|---|---|---|
| | 实收资本（或股本） | 其他权益工具 ||| 资本公积 | 减:库存股 | 其他综合收益 | 专项储备 | 盈余公积 | 未分配利润 | 所有者权益合计 | 实收资本（或股本） | 其他权益工具 ||| 资本公积 | 减:库存股 | 其他综合收益 | 专项储备 | 盈余公积 | 未分配利润 | 所有者权益合计 |
| | | 优先股 | 永续债 | 其他 | | | | | | | | | 优先股 | 永续债 | 其他 | | | | | | | |
| 1. 所有者投入的普通股 | | | | | | | | | | | | | | | | | | | | | | |
| 2. 其他权益工具持有者投入资本 | | | | | | | | | | | | | | | | | | | | | | |
| 3. 股份支付计入所有者权益的金额 | | | | | | | | | | | | | | | | | | | | | | |
| 4. 其他 | | | | | | | | | | | | | | | | | | | | | | |
| （三）利润分配 | | | | | | | | | | | | | | | | | | | | | | |
| 1. 提取盈余公积 | | | | | | | | | | | | | | | | | | | | | | |
| 2. 对所有者（或股东）的分配 | | | | | | | | | | | | | | | | | | | | | | |
| 3. 其他 | | | | | | | | | | | | | | | | | | | | | | |

续表

| 项目 | 本年金额 ||||||||||| 上年金额 |||||||||||
|---|---|---|---|---|---|---|---|---|---|---|---|---|---|---|---|---|---|---|---|---|---|---|
| | 实收资本（或股本） | 其他权益工具 ||| 资本公积 | 减：库存股 | 其他综合收益 | 专项储备 | 盈余公积 | 未分配利润 | 所有者权益合计 | 实收资本（或股本） | 其他权益工具 ||| 资本公积 | 减：库存股 | 其他综合收益 | 专项储备 | 盈余公积 | 未分配利润 | 所有者权益合计 |
| | | 优先股 | 永续债 | 其他 | | | | | | | | | 优先股 | 永续债 | 其他 | | | | | | | |
| （四）所有者权益内部结转 | | | | | | | | | | | | | | | | | | | | | | |
| 1. 资本公积转增资本（或股本） | | | | | | | | | | | | | | | | | | | | | | |
| 2. 盈余公积转增资本（或股本） | | | | | | | | | | | | | | | | | | | | | | |
| 3. 盈余公积弥补亏损 | | | | | | | | | | | | | | | | | | | | | | |
| 4. 设定受益计划变动额结转留存收益 | | | | | | | | | | | | | | | | | | | | | | |
| 5. 其他综合收益结转留存收益 | | | | | | | | | | | | | | | | | | | | | | |
| 6. 其他 | | | | | | | | | | | | | | | | | | | | | | |
| 四、本年年末余额 | | | | | | | | | | | | | | | | | | | | | | |

### 三、所有者权益变动表项目的填列方法

（一）上年金额栏的填列方法

所有者权益变动表中"上年金额"栏内各项数字，要根据上年度所有者权益变动表中"本年金额"栏内所列数字填列。如果上年度所有者权益变动表规定的项目的名称和内容与本年度的不一致，要按照本年度的规定对上年度所有者权益变动表相关项目的名称和数字进行调整，将调整后的数字填入所有者权益变动表"上年金额"栏内。

（二）本年金额栏的填列方法

所有者权益变动表中"本年金额"栏内各项数字一般要根据"实收资本（或股本）""其他权益工具""资本公积""盈余公积""专项储备""其他综合收益""利润分配""库存股""以前年度损益调整"等科目及其明细科目的发生额进行分析填列。

# 第二篇
## 出纳业务篇

出纳人员主要按照国家有关现金管理和银行结算制度的规定，办理现金收付和银行结算业务，编制收、付款凭证，逐笔顺序登记现金日记账和银行存款日记账，并结出余额。出纳是会计工作中最基础的岗位，所涉及的是流动资金，是一个需要多种技能的岗位。

# 第六章　出纳人员要具备的基本知识

出纳人员需要了解基本专业知识，才能更好地做好本职工作。出纳人员办理现金收付和银行结算业务必须符合国家的有关政策和规章制度的规定。出纳人员审核各种原始单据和填制出纳凭证时，要了解并遵循书写规范。此外，出纳人员还要掌握货币资金等财产清查业务的基本技能和程序。

# 第一节　现金和银行账户管理的内容

## 一、现金管理的内容

### （一）现金管理的基本规定

现金有广义与狭义之分，出纳人员管理的现金是狭义的现金，即库存现金，是指企业存放在财管部门的能够随时用来支付企业日常业务和事项的现金限额，包括人民币和外币。广义现金除库存现金外，还包括视同现金的各种银行存款、流通证券等。

依据《现金管理暂行条例》，现金收支应符合以下基本规定。

1. 开户单位现金收入应当于当日送存开户银行。当日送存确有困难的，由开户银行确定送存时间。

2. 开户单位支付现金，可以从本单位库存现金限额中支付或者从开户银行提取，不得从本单位的现金收入中直接支付（即坐支）。因特殊情况需要坐支现金的，应当事先报经开户银行审查批准，由开户银行核定坐支范围和限额。坐支单位应当定期向开户银行报送坐支金额和使用情况。

3. 开户单位根据本条例第五条和第六条的规定，从开户银行提取现金，应当写明用途，由本单位财会部门负责人签字盖章，经开户银行审核后，予以支付现金。

4. 因采购地点不固定，交通不便，生产或者市场急需，抢险救灾以及其他特殊情况必须使用现金的，开户单位应当向开户银行提出申请，由本单位财会部门负责人签字盖章，经开户银行审核后，予以支付现金。

（二）库存现金限额

依据《现金管理暂行条例》，开户银行应当根据实际需要，核定开户单位3天至5天的日常零星开支所需的库存现金限额。边远地区和交通不便地区的开户单位的库存现金限额，可以多于5天，但不得超过15天的日常零星开支。库存现金限额一经核定，开户单位必须严格遵守。需要增加或者减少库存现金限额的，应当向开户银行提出申请，由开户银行核定。

库存现金限额的具体核定程序一般分为三步：开户单位与开户银行协商核定库存现金限额；由开户单位根据银行核定的库存现金限额填报"库存现金限额申请批准书"；报开户银行审查批准。

（三）现金使用范围

依据《现金管理暂行条例》，开户单位可以在下列范围内使用现金：

（1）职工工资、津贴；

（2）个人劳务报酬；

（3）根据国家规定颁发给个人的科学技术、文化艺术、体育等各种奖金；

（4）各种劳保、福利费用以及国家规定的对个人的其他支出；

（5）向个人收购农副产品和其他物资的价款；

（6）出差人员必须随身携带的差旅费；

（7）结算起点以下的零星支出；

（8）中国人民银行确定需要支付现金的其他支出。

钱款结算起点定为1000元。结算起点的调整，由中国人民银行确定，报国务院备案。

## 二、银行账户管理的内容

### （一）银行账户的分类与开立

根据《人民币银行结算账户管理办法》的规定，银行结算账户是指银行为存款人开立的办理资金收付结算的人民币活期存款账户。存款人，是指在中国境内开立银行结算账户的机关、团体、部队、企业、事业单位、其他组织（以下统称单位）、个体工商户和自然人。银行，是指在中国境内经中国人民银行批准经营支付结算业务的政策性银行、商业银行（含外资独资银行、中外合资银行、外国银行分行）、城市信用合作社、农村信用合作社。

存款人应在注册地或住所地开立银行结算账户。符合《人民币银行结算账户管理办法》规定可以在异地（跨省、市、县）开立银行结算账户的除外。存款人以单位名称开立的银行结算账户为单位银行结算账户。单位银行结算账户按用途分为基本存款账户、一般存款账户、专用存款账户、临时存款账户。单位银行结算账户的存款人只能在银行开立一个基本存款账户。存款人开立基本存款账户、临时存款账户和预算单位开立专用存款账户实行核准制度，经中国人民银行核准后由开户银行核发开户登记证。但存款人因注册验资需要开立的临时存款账户除外。

#### 1. 基本存款账户及开立

基本存款账户是存款人因办理日常转账结算和现金收付需要开立的银行结算账户。

可申请开立基本存款账户的存款人包括：①企业法人；②非法人企业；③机关、事业单位；④团级（含）以上军队、武警部队及分散执勤的支（分）队；⑤社会团体；⑥民办非企业组织；⑦异地常设机构；

⑧外国驻华机构；⑨个体工商户；⑩居民委员会、村民委员会、社区委员会；⑪单位设立的独立核算的附属机构；⑫其他组织。

2. 一般存款账户及开立

一般存款账户是存款人因借款或其他结算需要，在基本存款账户开户银行以外的银行营业机构开立的银行结算账户。存款人可以通过一般存款账户办理转账、结算和现金缴存业务，但不能办理现金支取。

3. 临时存款账户及开立

临时存款账户是存款人因临时需要并在规定期限内使用而开立的银行结算账户。

（1）设立临时机构；

（2）异地临时经营活动；

（3）注册验资。

4. 专用存款账户

专用存款账户是存款人按照法律、行政法规和规章，对其特定用途资金进行专项管理和使用而开立的银行结算账户。

对下列资金的管理与使用，存款人可以申请开立专用存款账户：①基本建设资金；②更新改造资金；③财政预算外资金；④粮、棉、油收购资金；⑤证券交易结算资金；⑥期货交易保证金；⑦信托基金；⑧金融机构存放同业资金；⑨政策性房地产开发资金；⑩单位银行卡备用金；⑪住房基金；⑫社会保障基金；⑬收入汇缴资金和业务支出资金；⑭党、团、工会设在单位的组织机构经费；⑮其他需要专项管理和使用的资金。

收入汇缴资金和业务支出资金，是指基本存款账户存款人附属的非独立核算单位或派出机构发生的收入和支出的资金。

因收入汇缴资金和业务支出资金开立的专用存款账户，应使用隶属单位的名称。

## （二）银行账户使用规定

银行账户在使用时应遵守以下规定：

（1）遵守国家政策、法规等关于现金、结算、信贷管理等方面的规定；

（2）如银行按照规定对某单位的账户进行检查时，各单位应予以配合提供相关资料；

（3）各单位开立的银行账户不得出借、出租或转让，只能本单位使用；

（4）对于款项的来源及用途，应如实填写在各种收支凭证中，不得弄虚作假，套取现金；

（5）各单位不得签发空头支票，保证账户中有足够的资金用于支付结算；

（6）及时、完整、准确记载并定期核对往来账务，如发现其中存在出入，尽快查明原因并予以调整；

（7）一般存款人只能开立一个基本存款账户；

（8）如存款人的账户名称需要改变时，应先撤销原名称账户，再开立新账户；

（9）如存款人开立的账户需要撤销，必须与开户银行核对账户余额，经开户银行审查同意后，办理销户手续。为保证资金安全，销户时应交回各种重要空白凭证和开户许可证；

（10）存款人的基本存款账户办理销户后，可以在另一家银行开立新的基本存款账户；

（11）如银行账户一年未发生任何收付业务，开户银行应通知存款人办理撤销账户手续，存款人应自接到通知之日的30日内前往银行办理，否则，将视为自愿销户。

## 第二节　出纳要掌握的书写规范

账、证、表的文字与数字的规范书写是出纳人员的必备技能。出纳人员要用规范的文字和数字加以表达，同时要做到正确、清晰、流利、匀称地书写文字和数字。

### 一、银行票据和结算凭证书写规范

依据中国人民银行发布的《支付结算办法》附件《正确填写票据和结算凭证的基本规定》：填写票据和结算凭证，必须做到标准化、规范化，要要素齐全、数字正确、字迹清晰、不错漏、不潦草，防止涂改。

（一）中文大写金额数字应用正楷或行书填写，如壹、贰、叁、肆、伍、陆、柒、捌、玖、拾、佰、仟、万、亿、元、角、分、零、整（正）等字样。不得用一、二（两）、三、四、五、六、七、八、九、十、廿、毛、另（或0）填写，不得自造简化字。如果金额数字书写中使用繁体字，如貳、陸、億、萬、圓的，也应受理。

（二）中文大写金额数字到"元"为止的，在"元"之后，应写"整"（或"正"）字，在"角"之后可以不写"整"（或"正"）字。大写金额数字有"分"的，"分"后面不写"整"（或"正"）字。

（三）中文大写金额数字前应标明"人民币"字样，中文大写金额数字应紧接"人民币"字样填写，不得留有空白。中文大写金额数字前未印"人民币"字样的，应加填"人民币"三字。在票据和结算凭证大写金额栏内不得预印固定的"亿、万、仟、佰、拾、元、角、分"字样。

（四）阿拉伯小写金额数字中有"0"时，中文大写金额数字应按照汉语语言规律、金额数字构成和防止涂改的要求进行书写。举例如下：

（1）阿拉伯小写金额数字中间有"0"时，中文大写金额要写"零"字。如￥1409.50，应写成"人民币壹仟肆佰零玖元伍角"。

（2）阿拉伯小写金额数字中间连续有几个"0"时，中文大写金额数字中间可以只写一个"零"字。如￥6007.14，应写成"人民币陆仟零柒元壹角肆分"。

（3）阿拉伯小写金额数字万位或元位是"0"，或者数字中间连续有几个"0"，万位、元位也是"0"，但仟位、角位不是"0"时，中文大写金额数字中可以只写一个零字，也可以不写"零"字。如￥1680.32，应写成"人民币壹仟陆佰捌拾元零叁角贰分"，或者写成"人民币壹仟陆佰捌拾元叁角贰分"；又如￥107 000.53，应写成"人民币壹拾万柒仟元零伍角叁分"，或者写成"人民币壹拾万零柒仟元伍角叁分"。

（4）阿拉伯小写金额数字角位是"0"，而分位不是"0"时，中文大写金额"元"后面应写"零"字。如￥16 409.02，应写成"人民币壹万陆仟肆佰零玖元零贰分"；又如￥325.04，应写成"人民币叁佰贰拾伍元零肆分"。

（五）阿拉伯小写金额数字前面，均应填写人民币符号"￥"。阿拉伯小写金额数字要认真填写，不得连写导致分辨不清。

（六）票据的出票日期必须使用中文大写。为防止变造票据的出票日期，在填写月、日时，月为壹、贰和壹拾的，日为壹至玖和壹拾、贰拾和叁拾的，应在其前加"零"；日为拾壹至拾玖的，应在其前加"壹"。如1月15日，应写成"零壹月壹拾伍日"。再如10月20日，应写成"零壹拾月零贰拾日"。

（七）票据出票日期使用小写填写的，银行不予受理。大写日期未按要求规范填写的，银行可予受理，但由此造成损失的，由出票人自行承担。

## 二、填制会计凭证书写规范

依据《会计基础工作规范》第五十二条，填制会计凭证，字迹必须清晰、工整，并符合下列要求。

（一）阿拉伯数字应当一个一个地写，不得连笔写。阿拉伯金额数字前面应当书写货币币种符号或者货币名称简写和币种符号。币种符号与阿拉伯金额数字之间不得留有空白。凡阿拉伯数字前写有币种符号的，数字后面不再写货币单位。

（二）所有以元为单位（其他货币种类为货币基本单位，下同）的阿拉伯数字，除表示单价等情况外，一律填写到角分；无角分的，角位和分位可写"00"，或者符号"——"；有角无分的，分位应当写"0"，不得用符号"——"代替。

（三）汉字大写数字金额如零、壹、贰、叁、肆、伍、陆、柒、捌、玖、拾、佰、仟、万、亿等，一律用正楷或者行书体书写，不得用〇、一、二、三、四、五、六、七、八、九、十等简化字代替，不得任意自造简化字。大写金额数字到元或者角为止的，在"元"或者"角"字之后应当写"整"字或者"正"字；大写金额数字有分的，分字后面不写"整"或者"正"字。

（四）大写金额数字前未印有货币名称的，应当加填货币名称，货币名称与金额数字之间不得留有空白。

（五）阿拉伯金额数字中间有"0"时，汉字大写金额要写"零"字；阿拉伯金额数字中间连续有几个"0"时，汉字大写金额中可以只写一个"零"字；阿拉伯金额数字元位是"0"，或者数字中间连续有几个"0"、元位也是"0"但角位不是"0"时，汉字大写金额可以只写一个"零"字，也可以不写"零"字。

## 第三节 财产清查

### 一、财产清查的概念

财产清查是通过对实物、现金进行实地盘点、账面核对，以及对银行款项、往来款项进行核对，查明财产物资、货币资金和结算款项的实有数额，确定其账面结存数额和实际结存数额是否一致，以保证账实相符的一种会计核算的专门方法。

财产清查对于出纳来说是日常工作的一部分，它要求出纳人员及时对各项财物进行实地盘点，以保证账实相符。

### 二、财产清查的分类

财产清查可按照不同标准进行分类。当以被清查的对象和范围为标准时，可分为全面清查和局部清查；当以清查的时间为标准时，则可分为定期清查和不定期清查。

#### 1. 全面清查与局部清查

（1）全面清查，指对企业或单位所拥有的全部财产物资进行全面的盘点、检查与核对。清查对象主要包括房屋建筑物、机器、运输设备等固定资产；原材料、库存商品、在产品、自制半成品等存货；货币资金及有价债券；债务债权等结算款项；等等。

全面清查的范围很大，内容十分繁杂，需要耗费大量的时间和人力来完成，所以全面清查往往发生在年终结算前，以保证现有的账目等会计资料真实完整。当然全面清查并不仅仅在年末才进行，当企业发生撤销、合并、改变、改组等情况时，企业往往也会进行全面清查，以保证能对企业各方各面情况做到清晰准确地掌握。同时，当企业需要清产核资时，同样也需要进行全面清查。

（2）局部清查，指企业按照自己的业务需要对企业的部分财物进行盘点、检查、核对。与全面清查产生的极大工作量不同，局部清查不仅更加短时高效，而且更具有针对性，可以更快地找出相关业务的问题所在。

存货为企业中流动性较强，且较易发生损溢情况的资产，除了在年末对其进行全面清查外，日常也会积极频繁地进行核查，比如每月、每季度进行盘点清查，如果不能全部盘查则进行轮流检查或抽查。但对于企业的贵重物品应保证每月盘点一次。对于出纳来说，库存现金的每日清查属于局部盘查的一种，银行存款也应做到每月一次与银行对账盘查。企业的债权债务也应每年至少进行一至两次的核查。相对来说，企业的局部盘查较为灵活随机，这也正好可以弥补全面清查的部分缺点，使得企业可以更加准确、清楚地了解本企业的实际情况及其与账面情况是否一致，以保证企业的各项财产安全不受侵害和损失。

2. 定期清查与不定期清查

（1）定期清查，指企业按照提前制订好的计划和时间节点来对企业财物进行盘点核查。定期清查既可以采用全面清查，也可以采用局部清查。通常只有年末才采取全面清查，局部清查则可以在月末、季末等时间节点进行。

（2）不定期清查，指企业事先并没有计划过清查时间，由于实际情况所需而临时决定对财产进行清查。

不定期清查往往发生在以下情况时：第一，财物出现大的变动，以及相关保管人员出现替换的时候，以这种方式来明确各方责任；第二，当发生自然灾害或者意外损失时，为查清到底给企业造成了多少损失而进行清查；第三，在监察部门进行审查的时候进行清查；第四，依照有关规定临时进行资产清查或者停工验资。通常情况下，不定期清查主要为局部清查，但是不排除特殊情况下变为全面清查。

### 三、财产清查的基本方法

1. 实物清查

（1）进行财产物资账面结存的清查，方法包括：永续盘存制、实地盘存法以及抽样盘存制等。在进行清查时，相关人员需在现场共同完成盘点，盘点后需如实将结果填制相关凭证，并由盘点人员与保管人员共同确认签字盖章，以作为日后核查以及核查当时情况、进行会计账目调整时的事实依据。实物清查时可以根据需要填制盘存单、实存账存对比表、积压变质报告单等。需将盘查清的结果登记在"盘存单"上，包括实有数以及结存数。当发生账实不符的情况时，应再将该部分登记在"实存账存对比表"，以此来明确是盘存还是盘亏，并以此作为分析出现该问题的原因和依据。

（2）清查财产物资，方法包括实地盘点法、技术推算法、抽样调查法以及函证核对法等。

实地盘点法，是指经多次清点或者通过仪器来辅助测量等方式来测得实物资产的实有数额。大部分的财物都适用于这种清查方式，例如原材料、库存商品、产成品、机器设备等。实地盘点法的优点是准确性较高。

技术推算法，是指以量方、计尺等技术方法来计算部分数量并以此来推算整体财产物资的总数额。这种方式通常适用于数量大、价值低并

# 第六章 出纳人员要具备的基本知识

且难以去逐个计算的财产物资，例如企业内大量存放的水泥、沙料、煤炭等。

抽样调查法，是指通过从总体中选取一些个体，然后通过对个体的数量盘点从而推断出总体数量。这种方法主要适用于数量十分庞大且质量较为均匀的物资。

函证核对法，是指通过向对方企业发函的方式申请调查征询，以取得必要资料，查明财产实际情况的方法。此方法通常适用于企业清查委托外单位加工的产品或者半成品，或者由对方企业保管的原材料、在途物资、商品等。

### 2. 货币资金清查

货币资金清查主要包括库存现金清查和银行存款清查。

（1）库存现金清查，指出纳人员定期对库存现金实有数进行盘点，以此来确定库存现金实有数与库存现金的账面数额是否一致，来看是否账实相符。对于库存现金的清查的实际操作一般分为以下两种情况。

一种是出纳人员自行核查。出纳人员对于现金应该做到当日结清，并与登记好的日记账进行核对，具体包括记账日期、款项明细、具体金额等。

另一种是相关人员专门定期或不定期清查。为在责任划分上做到清晰明了，相关人员在进行清查时出纳人员也必须在场。在清查时尤其要注意是否存在用未经审核通过的借条和收据来冲抵库存现金入库，即所谓"白条抵库"的情况。相关人员在清查通过后，须共同编制清查结果的报告，并由清查人员与出纳人员共同签字确认，报告经盖章后生效。

（2）银行存款清查，主要通过将本单位的"银行存款日记账"的账目与相应的开户银行提供的"银行存款对账单"进行核对。在进行清查之前，需把清查当日产生的以及之前的账款全部及时入账结清，包括银行

*105*

存款的收入、支出。同时，还需要对之前发生的账目上的错误和遗漏等及时更正，然后再与银行对账单进行核对，查看是否存在出入。若存在出入且双方账目皆无错误存在，则需去查找未达账项，然后编制"银行存款余额调节表"来进行调整。具体来说，就是在银行对账单余额与企业账面余额的基础上，各自加上对方已收、本单位未收账项数额，减去对方已付、本单位未付账项数额，以调整双方余额，使其一致。银行存款余额调节表是一种对账记录的工具，并不是会计凭证；如果余额相等，则一般没错，否则一定有错。

3. 往来款项清查

往来款项的清查包括应收与预收账款以及应付与预付账款的清查。对于各项往来款项的清查，企业往往采用"询证核对法"，即通过与对方企业就其账目中记录的与本企业的往来款项进行核对，来清查本企业的相关账目。在清查的过程中，应注意本企业的往来款项的记录是否准确、清晰、完整，在核查无误后需编制对账单。编制时应该依照相关明细账，对应不同的企业，逐次逐笔、一式两联的规则进行。编制两联是因为需要一份交由对方企业留存，另一份作为回单。当对账单编制完成后，将其送交至对方企业，由对方企业对其进行进一步核查：若对方企业经核查后确认对账单与实际情况一致，则将其中一份对账单盖章交还给填发企业；若对方企业发现存在不一致的地方，则需将对账单中有出入的地方标注出来后送还，由本企业就该部分进行进一步核查。在核查的过程中，若发现存在未达账项，双方应进行账面余额调节；若已达到双方往来款项一致，本企业应按照对方企业反映情况编制"往来款项清查表"。通过这个过程，就可以清楚地查出双方企业是否存在有争议的款项以及未清偿的款项和无法收回的款项，这样双方企业便都可以及时掌握实际情况并对此商量解决办法，从而避免或者减少坏账。

# 第七章　现金业务

　　现金的流动性最强，企业为了维持生产经营活动的正常运行，在日常活动中需要拥有一定数量的库存现金，以便企业可以随取随用。所以，现金收付业务是出纳人员重要的工作内容。对于一位企业的出纳人员而言，需要熟悉现金存取款、现金收付款业务流程。

# 第一节 现金存取业务流程

## 一、现金送存银行业务流程

企业应及时将当天收入的现金或超过库存限额的现金送存开户银行。现金送存的流程如下。

（1）清点票币。送款前应清点、整理将要送存的现金，按币别、币种分类，合计出需要存款的金额。

（2）填写现金进账单（缴款单）。票币清点整齐核对无误后，由出纳人员将存款金额填入进账单，各种币别的金额合计数应与相应的存款金额一致。

（3）向银行提交进账单和整点好的票币。票币要一次性交清、当面清点，如有差异，应当面复核。

（4）开户银行受理后，在进账单上加盖"现金收讫"和银行印章后退回交款人一联。

（5）出纳人员根据银行退回的现金进账单编制记账凭证。

（6）根据记账凭证登记现金日记账。

## 二、从银行提取现金业务流程

为顺利开展相关业务，各单位要留有一定金额的现金。当各单位需要用现金支付，而库存现金小于库存现金定额，需要现金补足时，按规定可以从银行提取现金，提取现金的流程如下。

（1）签发现金支票。现金支票是专门用于支取现金的一种支票，是由存款人签发，委托开户银行向收款人支付一定数额现金的票据。签发现金支票要按照支票排定的号码顺序填写，签发日期应填写实际出票日期，不能补填或预填日期；收款人名称填写应与预留印鉴名称保持一致；金额必须按规定填写，金额如有错误，本张支票作废，须重填写；用途栏要填写真实用途；签章必须与银行预留印鉴相符；支票背面要有取款企业或取款人背书。

（2）提交取款凭证，领取现金。取款人持现金支票到开户银行，向开户银行会计窗口交现金支票，取款人收取现金后，应根据取款数额认真清点，确认无误后方可离开。

（3）将现金存入保险柜内。取款人若为出纳人员，应及时将现金存入保险柜内；取款人若不是出纳人员，应将取回的现金交由出纳人员存入保险柜，并当面清点。

（4）编制记账凭证。出纳人员要根据现金支票存根或回单编制记账凭证，并根据审核无误的记账凭证登记现金日记账。

## 第二节　现金收款与付款业务流程

### 一、现金收款业务流程

现金收款业务指的是各单位能够收到现金的经济业务，包括生产经营活动和非生产经营性业务活动。现金收款业务包括企业、事业单位由于销售商品、提供劳务而取得的现金收入业务，机关、团体、部队、企事业单位提供非经营性服务而取得的现金收入，以及单位内部的现金收入，如出差人员报销差旅费退回的多余款项、向单位职工收取的违反制度罚款、执法单位取得的罚没收入等。

#### （一）现金收款业务原始凭证

涉及现金收款业务的原始凭证一般分为以下三种。

1. 发票

《中华人民共和国发票管理办法》规定：发票是指在购销商品、提供或者接受服务以及从事其他经营活动中，开具、收取的收付款凭证。它是进行会计核算的原始凭证，也是税务机关进行税务稽查的重要依据。

2. 非经营性收据

非经营性收据针对的是非生产经营活动，是国家机关、事业单位等按照相关政策规定收取服务费或咨询费时给企业开具的收款收据。非经营性收据由国家财政部门统一印制或加盖监制公章。国家机关事业单位在按规定收取各种咨询费和服务费用时必须开具非经营性收据。

3. 内部收据

内部收据一般适用于以下两种情况：一是用于企业内部部门或与内部职工之间的现金往来，比如职工向单位交纳的房租等；二是企业与外部企业或外部个人之间的属于非经营性活动的现金往来。内部收据一般由企业根据自己的需要设计印制或向商店购买，无须到税务部门领购。

（二）现金收款程序

（1）受理并审核。必须仔细审核现金收款业务的相关原始凭证（如发票等），审核该项业务的合理性、合法性，该凭证所反映的商品数量、单价、金额是否正确，有无刮擦、涂改迹象，有无相关负责人签章，并对其真实性进行审核。

（2）清点现金并核对其与票据记载的金额是否一致，同时辨别钱币真伪。

（3）开具收款收据。收款收据一式三联：第一联为存根联；第二联作为收据交还交款人；第三联为记账联，用来记账。收款收据需加盖"现金收讫"印章。

（4）根据收款收据编制记账凭证。出纳人员应根据原始凭证登记记账凭证，登记时必须做到书写清晰、数据规范、会计科目准确、编号合理、签章手续完备。

（5）根据记账凭证编制现金日记账。

## 二、现金付款业务流程

现金付款业务是指各单位在其生产经营和非生产经营性业务过程中向外支付现金的业务。

## （一）现金付款的两种情况

### 1. 主动支出现金

即主动现金付款，是指出纳人员将现金主动付给单位或个人，如发放工资、奖金、津贴福利等现金付款业务。

### 2. 被动支出现金

即被动现金付款，是指收款单位或个人凭有关凭据到财务部门的出纳处领报现金的业务。

## （二）现金付款程序

### 1. 主动现金付款的程序

（1）根据有关的资料（如工资表等）编制付款单，并计算出付款金额。

（2）根据付款金额清点现金，如有不足应从银行提取。

（3）发放现金时，如果是直接发给收款人的，要当面清点并由收款人签收（签字或盖章）；如果是他人代为收款的，由代收人签收。

（4）根据付款单等资料编制记账凭证。

（5）根据记账凭证登记现金日记账。

### 2. 被动现金付款的程序

（1）受理相关凭据，即入账的原始凭证，如报销单据、借据、其他单位和个人的收款收据等。

（2）审核原始凭证。

（3）在审核无误的付款凭证上加盖"现金付讫"印章。

（4）现金付款并进行复点，并要求收款人当面点清。

（5）根据原始凭证编制记账凭证。

（6）根据记账凭证登记现金日记账。

## （三）现金付款的注意事项

（1）对于按照收款凭证、付款凭证和转账凭证对记账凭证进行分类的企业，涉及现金和银行存款之间的收付业务，即从银行提取现金或以现金存入银行时，应只按照收付业务涉及的贷方科目编制付款凭证，以避免重复。

（2）现金付款凭证如出现红字时，实际经济业务应是现金收入的增加，但在处理时，为了避免混淆，出纳人员在凭证上加盖印章时，仍应加盖现金付讫章，以表示原经济业务付出的款项已全部退回。

（3）发生销售退回时，退款金额较少，或结算起点以下的零星支出需用现金退款时，需要取得对方的收款收据，不得以退货发货票代替收据编制付款凭证。

（4）如从外单位取得的付款原始凭证遗失，由当事人写出详细情况，由经办人证明，并由主管领导和财务负责人批准，可代替原始凭证入账。

## 第三节 现金收支业务类型

### 一、涉及现金收入的业务

现金收入的来源有业务收入、非业务收入以及其他现金收入。

（一）业务收入类型

（1）工业企业的营业收入。包括两部分收入：产品销售收入和其他业务收入。其中，产品销售收入一般以转账的方式完成，其他零星的业务收入才收取现金。

（2）商品流通企业的营业收入。其零售货物发生的现金收入一般由柜台的收款员直接送存银行，不通过财务部门。财务部门只是于每日营业终了后，根据柜台收款员的"现金交款单"的回单联和有关销售凭证，填制银行存款收款凭证，不做现金收款凭证。如果该企业不是由柜台收款员将现金收入送存银行，而是交给出纳人员送存银行，则财务部门应先根据柜台收款员送交的现金收入填制现金收款凭证。

（二）非业务收入类型

非业务收入是指企事业单位主营业务以外所取得的收入，主要包括对外投资活动所取得的投资收入和企业的营业外收入。营业外收入是指企业发生的与企业生产经营无直接关系的各项收入，包括企业非流动资产处置利得、盘盈利得、罚没利得、捐赠利得等。一般来说，企业的投资收入都通过银行转账结算，当然也有可能取得现金投资收益。而营业外收入，如企业处理固定资产取得的收入，职工违反制度要上交的罚款等，多以现金结算的。

（三）其他现金收入

其他现金收入，是指不属于营业收入、非营业收入和预收账款的其他现金收入，主要为五类：向有关单位和个人收取的各种赔款、罚款；向有关单位和个人收取的押金；向有关单位和个人收回的借款；向其他单位和个人收回的押金；向职工收回的各种代垫款项等。

## 二、涉及现金支付的业务

现金付款业务是指各单位在其经营活动过程中向外部单位或个人支付现金的业务。

现金付款业务包括：各会计主体购买货物、接受劳务而对外支付现金的业务；向本单位职工发放工资的业务；向外单位支付现金、押金的业务；向本单位有关部门支付备用金的业务；本单位职工预借差旅费及其报销的业务；为本单位职工代垫、代付有关款项的业务以及其他向有关单位和个人支付现金款项的业务，等等。

（一）现金支付方式

1. 直接支付现金

直接支付现金方式有主动支付和被动支付两种。主动支付，是指出纳部门主动将现金付给收款单位和个人，如发放工资、奖金、津贴以及福利等现金支出；被动支付，是收款单位和个人持有关凭据到出纳部门领报现金。

2. 以现金支票的方式支付

以现金支票的方式支付是指出纳人员根据审核无误的有关凭证将填好

的现金支票交给收款人，由收款人直接到开户银行提取现金的支付方式。这种支付方式与直接支付现金的方式作用相同，主要适用于大宗现金付款业务。

（二）现金付款业务分类

1. 发放职工薪酬

企业按照有关规定向职工支付工资、奖金、津贴、职工福利费等，可提取现金，将薪酬以现金形式向职工发放，此外也可以通过银行转账。

2. 备用金领用及报销

备用金主要供单位内部使用，适用于单位内部的零星开支、零星采购、售货找零或差旅费等用途的款项。可以分为定额备用金和非定额备用金两种，这里主要介绍定额备用金。定额备用金是单位对经常使用备用金的内部各部门或工作人员根据其零星开支、零星采购等实际需要而核定的，并保证其经常保持核定的现金数额。

（1）备用金领用。如单位内部部门或员工需要领用备用金，一般应由申请人如实填写借款凭证，送领导审批后由出纳人员根据借款凭证编制现金付款记账凭证。

（2）备用金报销。单位内部部门或员工报销费用时，应由报销人填制现金付款记账凭证，出纳人员只需将报销的金额用现金补给报销的部门或工作人员，这样报销后有关部门或工作人员手中的现金又达到核定的限额。

3. 差旅费

（1）借支差旅费。单位工作人员因出差需提前支取差旅费时，应首先填制借款单交至财务部门，可以根据需要使用统一的"差旅费借款结算单"，也可以使用通用的借款借据或者借款凭证，按照其所列项目填写完整，然后送所在部门的领导和有关人员审核签字。

（2）差旅费的报销。出差人员出差回来报销差旅费时，首先应填写报销单，经相关领导审核签字后，交至财务部门，由该部门有关人员对差旅费进行结算，编制会计凭证后交出纳人员具体办理现金收付。

4. 预付现金

如本单位按照与其他单位的合同需要预付货款或者需要预付其他费用，财务部门应根据由对方单位提供或由本单位编制的收据、发票等，编制现金付款凭证，并支付现金。

5. 支付劳务费

本单位若需支付给其他单位劳务费，应由对方单位开具发票等原始凭证，本单位凭原始凭证编制记账凭证，并付款；支付给个人的劳务费，通常需要由本单位编制原始凭证，由提供劳务的个人签字，然后据以编制记账凭证，并付款。

# 第八章　银行支付结算

按照中国人民银行发布的《支付结算办法》，支付结算是指单位、个人在社会经济活动中使用票据、信用卡和汇兑、托收承付、委托收款等结算方式进行货币给付及其资金清算的行为。票据结算方式包括银行汇票、商业汇票、银行本票和支票结算的方式。非票据的其他结算方式包括信用卡和汇兑、托收承付和委托收款等。

## 第一节　银行票据结算

### 一、银行汇票

（一）定义

银行汇票是由汇款人将款项交存当地银行，由银行签发给汇款人持往异地办理转账结算或支取现金的票据。主要适用于异地单位、个体工商户、个人之间需要支付的各种货款。

（二）分类

银行汇票可分为两种，即现金银行汇票与转账银行汇票。在银行汇票"出票金额"处添加"现金"字样后填出金额的银行汇票为现金银行汇票。现金银行汇票可以用于支取现金，仅限于个人使用。未注明"现金"字样的即为转账银行汇票，通过转账办理结算，不可支取现金。

（三）程序

银行汇票具体结算程序如下。

1. 银行汇票的申请

企业若需要使用银行汇票，申请人应填写银行汇票申请书交至银行。银行汇票申请书一式三联，第一联是存根，由申请人留存，第二、第三联是银行内部使用的凭证。申请人在填写时，要用双面复写纸套写（其他多联结算凭证套写要求与此相同），按银行汇票申请书所列项目——收款人名称、汇票金额、申请人名称、申请日期等逐项填明,并在第二联"申请人盖章"处签字盖章,所盖的章应与预留银行的印鉴相同。申请人和收款人均为个人,需要使用银行汇票向代理付款人支取现金的,申请人须在银行汇票申请书上填明代理付款人名称,在"汇票金额"栏先填写"现金"字样,然后填写汇票金额。申请人或者收款人为单位的,不得在银行汇票申请书上填明"现金"字样。申请人填妥后,将银行汇票申请书二、三联连同所汇款项一并送交银行。

2. 出票

出票银行核对银行汇款申请书和印鉴,确定其内容无误、印鉴验证符合预留印鉴后,收妥款项并签发银行汇票,并用压数机压印出汇票金额。银行汇票一式四联:第一联为卡片,由出票银行留存;第二联为银行汇票;第三联为解讫通知,汇票联和解讫通知由出票银行一并交给申请人,申请人便可持此两联银行汇票到异地办理支付结算或支取现金,缺一不可;第四联为多余款收账通知,出票银行将银行汇票金额结算后将此联交申请人。

签发转账银行汇票时,不得填写代理付款人名称。签发现金银行汇票,申请人和收款人必须均为个人,收妥申请人交存的现金后,在银行汇票"出票金额"栏先填写"现金"字样,后填写出票金额,并填写代理付款人名称。申请人或者收款人为单位的,银行不为其签发现金银行汇票。

3. 兑付

(1) 收款人受理银行汇票后,应向开户银行提示付款,同时在汇票背面"持票人向银行提示付款签章"处盖章,其章须与预留银行的印鉴相同,并填写一式两联进账单,连同银行汇票和解讫通知一并送交开户银行,银行审查无误后办理转账。

（2）未在银行开立存款账户的个人持票人（或收款人），可以向选择的任何一家银行机构提示付款。提示付款时，应在汇票背面"持票人向银行提示付款签章"处签章，并填明本人身份证件名称、号码及发证机关，由其本人向银行提交身份证及其复印件。银行审核无误后，将其身份证复印件留存备查，并以持票人的姓名开立应解汇款及临时存款账户，该账户只付不收，付完清户，不计付利息。

4. 背书

背书是指汇票持有人将票据权利转让给他人行使的一种行为。所谓的票据权利是指票据持有人向票据债务人（主要是指票据的承兑人，有时也指票据的出票人、保证人和背书人）直接请求支付票据中所规定的金额的权利。通过背书转让其权利的人称为背书人，而接受经过背书汇票的人就被称为被背书人。

按照现行规定，填明"现金"字样的银行汇票不得背书转让。区域性银行汇票仅限于本区域内背书转让。银行汇票的背书转让以不超过汇款金额为准。未填写实际结算金额或实际结算金额超过汇款金额的银行汇票不得背书转让。在背书时，背书人必须在银行汇票第二联的背面"背书"栏填明其个人身份证件及号码并签章，同时填明被背书人名称，并填明背书日期。被背书人在受理银行汇票时，除按前述收款人要求对汇票进行审核外，还应审核：银行汇票是否记载实际结算金额，有无更改，其金额是否超过汇款金额；背书是否连续，背书人签章是否符合规定，背书使用粘单的是否按规定签章；背书人为个人的，其身份证是否真实；等等。被背书人按规定在汇票有效期内，在被背书人一栏签章并填制一式两联进账单后到开户行办理结算，其会计核算办法与一般银行汇票收款人相同。

5. 结算与退款

兑付银行应将实际结算金额予以登记入账，然后将银行汇票的第三联，即解讫通知交给汇票的签发银行，签发银行核对后将余款转入汇款人账户，并将银行汇票第三联多余款收账通知转给汇款人，汇款人据此办理余款入账手续。汇款人收到通知后借记"银行存款"账户，贷记"其他货币资金——银行汇票"账户。

汇款单位因汇票超过了付款期限或其他原因没有使用汇票款项时，可以分情况向签发银行申请退款。

（1）如汇款单位要求开户银行签发退款，应将退款原因以公函的方式向签发银行予以说明，并将未用的"银行汇票联"和"解讫通知联"交回汇票签发银行办理退款。银行在对"银行汇票联"和"解讫通知联"和银行留存的银行汇票"卡片联"核对无误后办理退款手续，将汇款金额划入汇款单位账户。

（2）未在银行开立账户的汇款单位要求签发银行退款时，应将未用的"银行汇票联"和"解讫通知联"交回汇票签发银行，同时向银行交验本单位的有关证件，经银行审核后办理退款。

（3）汇款单位在缺少"解讫通知联"的情况下向签发银行申请退款时，应将"银行汇票联"退给汇票签发银行，并备函说明短缺的原因，经签发银行审查同意后于银行汇票提示付款期满一个月后办理退款手续。

## 二、商业汇票

### （一）定义

商业汇票是由收款人、付款人或承兑申请人签发，由承兑人承兑，并于到期日向收款人或被背书人支付款项的票据。商业汇票适用于在银行开立账户的法人之间根据购销合同先发货后收款或延期付款而进行的商品交易，无论是同城还是异地，其款项结算均可使用商业汇票结算方式。

（二）分类

商业汇票按其承兑人的不同，分为两种，即商业承兑汇票和银行承兑汇票。

1. 商业承兑汇票

商业承兑汇票的签发以双方约定的方式进行。由收款人签发的商业承兑汇票，承兑人为付款人；由付款人签发的商业承兑汇票，应经本人承兑。

付款人必须在商业承兑汇票正面签署"承兑"字样并加盖预留银行的印章后，将商业承兑汇票交给收款人，并对其所承兑的汇票负有到期无条件支付票款的责任。如果汇票到期时，付款人无力付款，银行将不承担付款责任，而只负责将汇票退给收款人，由收、付双方自行处理。

2. 银行承兑汇票

银行承兑汇票的签发人为收款人或承兑申请人，并由承兑申请人向开户银行申请，银行对汇票进行审核，符合条件的，即与承兑申请人签订承兑契约，并在汇票上签章，且收取一定的手续费。

使用银行承兑汇票，如果出现票据到期日承兑申请人未能足额交存票款的情况，承兑银行应向收款人或贴现银行无条件履行支付责任。

（三）程序

1. 商业承兑汇票结算程序

（1）签发和承兑商业结算汇票：商业承兑汇票为一式三联，签发人为收款人或付款人，汇票签发人留存第三联（存根联）备查。第一联（卡片）由付款人（承兑人）留存，付款人据此借记有关账户，贷记"应付票据"账户。第二联（商业承兑汇票）由付款人（承兑人）在承兑栏加盖预留银行印章，并在商业承兑汇票正面签署"承兑"字样，以示承兑。

之后将商业承兑汇票交给收款人，收款人据此借记"应收票据"账户，贷记有关账户。

（2）收款人收款：收款人或被背书人持要到期的商业汇票到开户银行办理收款手续，收款一般采取的是委托收款方式。出纳人员办理收款手续时，应填写银行规定的一式五联的"委托收款凭证"，在"凭证名称"栏注明"商业承兑汇票"及号码，在商业承兑汇票背后加盖收款单位业务公章，然后一并交开户银行，银行审核无误后盖章退回委托收款凭证第一联（回单）给收款人。

收款人根据收到开户银行转来的盖有转账收讫章的委托收款凭证第四联（收款通知）编制银行存款凭证，出纳人员根据审核无误的收款凭证登记银行存款日记账。

（3）到期兑付：汇票到期前，开户银行会将委托收款凭证的第五联（付款通知）及所附商业承兑汇票转给付款人，付款人收到后应仔细核对第五联与留底卡片（商业承兑汇票第一联），应当在核对无误后的当日通知银行进行付款。付款人在接到通知日的次日起3日内（遇法定休假日顺延，下同）未通知银行付款的，视同付款人承诺付款，银行应于付款人接到通知日的次日起第4日（遇法定休假日顺延，下同）上午开始营业时，将票款划给持票人。

付款人提前收到由其承兑的商业汇票，应通知银行于汇票到期日付款。付款人在接到通知日的次日起3日内未通知银行付款的，银行应于付款人接到通知日的次日起第4日，将票款划给持票人。

银行在办理划款时，付款人账户存款不足，无法支付的，银行应填制付款人未付款通知书，连同商业承兑汇票邮寄至持票人开户银行，转交持票人。

如付款人有合法的抗辩事由从而选择拒绝向申请人支付的，应自接到到期支付通知的次日起 3 日内，制作拒绝付款证明（"拒绝付款理由书"）并送交开户银行，银行将拒绝付款证明和商业承兑汇票邮寄至持票人开户银行，转交持票人。

2. 银行承兑汇票结算程序

（1）银行承兑汇票的签发与承兑：承兑申请人（付款人）凭借购销合同以及银行承兑汇票，向其开户银行申请承兑。银行按有关规定对合同及汇票进行审查，审查通过后与承兑申请人签订承兑协议，协议格式为一式三联，并在银行承兑汇票上注明承兑协议编号，加盖银行印章，用压数机压印汇票金额，然后将第二联银行承兑汇票和第三联解讫通知交给承兑申请人。

（2）收款人收款：收款人收到银行承兑汇票后，出纳人员应对汇票中记载的收款单位名称及金额等各项进行严格审核，审核无误后收存。出纳人员应在银行承兑汇票提示付款期限内（自汇票到期日起 10 日）填写进账单，在"票据种类"栏注明"银行承兑汇票"字样及号码，并在银行承兑汇票背面加盖预留银行印章，然后将汇票连同进账单送交开户银行，办理收取票款的手续。

收款人根据收到的盖有开户银行转账收讫章的进账单第一联（收账通知），编制银行存款收款凭证，出纳人员据以登记银行存款日记账。

（3）到期兑换：银行承兑汇票人（付款人）应保证到期日时，银行账户中有足够的金额用于支付银行承兑汇票。承兑银行应在汇票到期日或到期日后的见票当日支付票款。

承兑银行存在合法抗辩事由拒绝支付的，应自接到汇票的次日起 3 日内，做出拒绝付款证明，将之连同银行承兑汇票邮寄至持票人开户银行，转交持票人。

银行承兑汇票的出票人（付款人）于汇票到期日未能足额交存票款

的，承兑银行除凭票向持票人无条件付款外，对出票人尚未支付的汇票金额按照每天万分之五的利率计收利息。

### 三、银行本票

（一）定义

银行本票是申请人将款项交存银行，银行凭借其办理转账结算或支取现金的票据。

（二）分类

目前，我国银行本票分为两种，即定额本票和不定额本票。定额本票由中国人民银行委托专业银行代理签发；不定额本票由专业银行签发。银行本票是应客户请求而签发的，以代替现金流通，节约现金使用，缓冲货币投放压力。银行本票一律为记名式，允许以背书转让，简化结算手续，有利于实现资金清算的票据化，加速资金周转，扩展资金来源。《支付结算办法》规定，单位、个体经营户和个人在同城范围的商品交易和劳务供应以及其他款项的结算均可以使用银行本票。

（三）程序

1. 申请办理银行本票

申请人办理银行本票，应向银行填写一式三联"银行本票申请书"（其格式由中国人民银行各省市分行确定和印制），详细填明收款人名称，个体经营户和个人需要支取现金的应填明"现金"字样。如申请人在签发银行有账户，则应在"银行本票申请书"上加盖预留银行的印章。

2. 签发银行本票

银行受理银行本票申请书后，在转账后或收妥现金后，签发银行本票。对个体经营户和个人需支取现金的，在银行本票上划去"转账"字样，加盖印章，对不定额银行本票用压数机压印金额，将银行本票交给申请人。

专业银行签发不定额银行本票的余额和签发定额银行本票收取的款项，应划缴中国人民银行。

### 3. 银行本票的付款

银行本票的特点为见票即付，申请人持银行本票可以向填明的单位办理结算。收款人为个人的也可以持转账的银行本票经背书向被背书的单位或个体经营户办理结算。持有"现金"字样的银行本票可以向银行支取现金。

未在银行开立账户的收款人，凭有"现金"字样的银行本票向银行支取现金，并在银行本票背面签字或盖章，向银行交验有关证件。

## 四、支票

### （一）定义

支票是由出票人签发，要求其委托办理存款业务的银行或其他金融机构，在见票时无条件地向收款人或者持票人支付确定的金额的票据。

### （二）分类

支票分为三种，即现金支票、转账支票和普通支票。

支票上印有"现金"字样的支票为现金支票，现金支票只能用于支取现金。现金支票可以由存款人签发，用于财务人员到银行为本单位提取现金，也可以签发给其他单位和个人，用来办理结算或者委托银行代为支付现金给收款人。

支票上印有"转账"字样的为转账支票，转账支票只能用于转账。转账支票适用于存款人给同一城市范围内的收款单位划转款项，以办理商品交易、劳务供应、清偿债务以及其他往来款项的结算。

支票上未印有"现金"或"转账"字样的为普通支票。普通支票可用于转账结算,也可用于支取现金。在普通支票左上角画两条平行线的,为划线支票,只能用于转账,不能支取现金。

(三)程序

1. 现金支票结算程序

开户单位用现金支票提取现金时,由本单位出纳人员签发现金支票并加盖银行预留印鉴,然后持票到开户银行提取现金;开户单位用现金支票向外单位或个人支付现金时,由开户(付款)单位出纳人员签发现金支票并加盖银行预留印鉴、注明收款人后交收款人,收款人持现金支票到付款单位开户银行提取现金,并按照银行的要求交验有关证件。可概括为:①付款人开出现金支票给收款人;②收款人持现金支票从付款人开户银行提取现金;③开户银行按照工作程序对支票进行审核,审核无误后,办理付款。

2. 转账支票结算程序

付款人按应支付的款项签发转账支票后将其交收款人,凭支票存根贷记"银行存款"账户,借记对应账户。收款人审核无误后,填制一式两联进账单,连同支票一并送交本单位开户银行,经银行审核无误后,在进账单回单上加盖银行印章,退回收款人,作为收款人入账的凭据,收款人据此借记"银行存款"账户,贷记对应账户。进账单另 联和支票由银行留存,作为划转款项和记账凭据。

## 第二节　其他结算方式

### 一、汇兑

**（一）定义**

汇兑是指汇款人委托银行将款项付给异地收款人的结算方式。汇兑便于付款给异地的收款人，适用于各种款项的异地结算业务。汇兑结算没有金额上下限，即无论金额多少，均可以办理汇兑结算。

**（二）种类**

根据凭证传递方式，可分为两种，即信汇和电汇，汇款人可根据需要选择。

**（三）程序**

1. 办理汇款

汇款人委托银行办理汇兑结算时，应填制汇兑凭证，签发汇兑凭证必须记载下列事项：①表明"信汇"或"电汇"的字样；②无条件支付的委托；③确定的金额；④收款人名称；⑤汇款人名称；⑥汇入地点、汇入行名称；⑦汇出地点、汇出行名称；⑧委托日期；⑨汇款人签章。

汇兑凭证欠缺上列记载事项之一的，银行不予受理。汇兑凭证记载的汇款人名称、收款人名称，如果其在受理银行开立有存款账户的，必须记载其账号。欠缺记载的，银行不予受理。委托日期是指汇款人向汇出银行提交汇兑凭证的当日。

银行经审核无误后，将第一联回单盖章后退回汇款人，作为汇款人编制付款凭证、登记银行存款日记账的依据。

2. 办理进账或取款

（1）银行会将信汇凭证的第四联（收账通知）交至收款人处，收款人应对收到的收款通知进行认真核对，在确认收款人为本单位、金额及汇款用途正确后，根据收账通知及有关原始凭证编制收款凭证，出纳人员据以登记银行存款日记账。采用电汇结算方式的，收款人收到汇入银行的电划贷方补充报单第三联（汇入行加盖转讫章代收账通知）后，按汇入银行的通知办理转账。

（2）如收款人尚未开设存款账户，其信汇、电汇的取款通知则为"留行待取"，收款人须持身份证件至银行，在信汇、电汇凭证上注明证件名称、证件号码及发证机关，在"收款人签盖章"处签章；如信汇凭签章支取，收款人的签章必须与预留信汇凭证上的签章相符。银行审查无误后，以收款人的姓名开立应解汇款及临时存款账户，该账户只付不收，付完清户，不计付利息。

收款人如在汇入地因故有办理转汇的需求，应由本人持身份证件、取款通知至汇入银行，申请重新办理信汇、电汇手续。按照规定，转汇的收款人必须是原收款人，汇入银行办理转汇手续必须在信汇、电汇凭证上加盖"转汇"戳记。汇兑凭证备注栏注明"不得转汇"字样的，汇入银行不予办理转汇。

（3）如需在办理取款手续时支取现金，信汇、电汇凭证上须注明"现金"字样，收款人携带身份证件、信汇凭证第四联——取款通知（或电划贷方补充报单三联），到汇入银行办理取款手续。汇入银行对材料审核无误后予以办理。如需要支取现金而凭证上未注明"现金"字样的，由汇入银行按照国家现金管理规定审核支付。

3. 申请撤销和申请退汇手续

（1）申请撤销：如款项尚未从银行汇出，可以申请撤销。申请撤销时，应持正式函件或本人身份证件及原信汇、电汇回单至银行办理。经银行核实确为未汇出款项的，收回原信汇、电汇回单，予以办理撤销手续。

（2）申请退汇：汇款人对汇出银行已经汇出的款项可以申请退汇。对在汇入银行开立存款账户的收款人，由汇款人与收款人自行联系退汇。

如款项已由银行汇出，汇款人申请退汇，退汇事务应由汇款人与收款人进行联系处理。若收款人尚未在汇入银行开立存款账户，汇款人应准备正式函件或本人身份证件连同信汇、电汇回单至汇出银行申请退汇，由汇出银行通知汇入银行，经汇入银行核实后确认该汇款未支付的，将款项汇回汇出银行，方可办理退汇手续。

## 二、委托收款

（一）定义

委托收款是收款人向银行提供收款依据，委托银行向付款人收取款项的一种结算方式。委托收款具有使用范围广、灵活、简便等特点。

（二）程序

银行接到寄来的委托收款凭证及债务证明，审核无误后办理付款。以银行为付款人的，银行应在当日将款项主动支付给收款人；以单位为付款人的，银行应及时通知付款人，按照有关办法规定，需要将有关债务证明交给付款人的应交给付款人签收。

付款人应于接到通知的当日书面通知银行付款。

按照有关办法规定，付款人在接到通知日的次日起 3 日内未通知银行付款的，视同付款人同意付款，银行应于付款人接到通知日的次日起第 4 日上午开始营业时，将款项划给收款人。

付款人提前收到由其付款的债务证明，应通知银行于债务证明的到期日付款。

银行在办理划款时，付款人存款账户不能足额支付的，应通过被委托银行向收款人发出未付款项通知书。按照有关办法规定，债务证明留存于付款人开户银行的，应将该债务证明连同未付款项通知书邮寄至被委托银行，转交收款人。

付款人审核有关债务证明后，对收款人委托收取的款项需拒绝付款的，可以办理拒绝付款。以银行为付款人的，应自收到委托收款及债务证明的次日起 3 日内出具拒绝证明，连同有关债务证明、凭证寄给被委托银行，转交收款人；以单位为付款人的，应在付款人接到通知日的次日起 3 日内出具拒绝证明，持有债务证明的，应将其送交开户银行。银行将拒绝证明、债务证明和有关凭证一并寄给被委托银行，转交收款人。

### 三、托收承付

**（一）定义**

托收承付是收款单位根据经济合同发货后，委托银行向异地付款单位收取款项，由付款单位按照经济合同规定核对结算单证或验货后向银行承付款项的一种结算方式。按照结算凭证传递方式的不同，异地托收承付结算可以分为邮划和电划两种。

托收承付结算具有使用范围较窄、监督严格和信用度较高的特点。首先，按照规定，使用托收承付结算方式的收款单位和付款单位，必须是国有企业、供销合作社以及经营管理较好并经开户银行审查同意的城乡集体所有制工业企业，其他性质的单位和除商品交易外的其他款项结算无法使用托收承付结算。其次，托收承付的监督较为严格，从收款单位提出托收到付款单位承付款项，每一个环节都在银行的严格监督下进行。此外，由于托收承付是在银行严格监督下进行的，付款单位拒付理由不成立时不得拒付，因而收款单位收款有一定的保证，所以，托收承付结算方式信用度相对较高。

（二）程序

托收是指销货单位（收款单位）委托其开户银行收取款项的行为。办理托收时，必须具有符合《中华人民共和国合同法》（以下简称《合同法》）规定的经济合同，并在合同上注明使用托收承付结算方式和遵守"发货结算"的原则。所谓"发货结算"，是指收款方按照合同发货，并取得货物发运证明后，方可向开户银行办理托收手续。

托收金额的起点为 10 000 元。款项划转方式有邮划和电划两种，电划比邮划速度快，托收方可以根据缓急程度选择。

承付是指购货单位（付款单位）在承付期限内，向银行承认付款的行为。承付方式有两种，即验单承付和验货承付。验单承付是指付款方在接到其开户银行转来的承付通知和相关凭证，并与合同核对相符后就必须承认付款的结算方式。验单承付的承付期为 3 天，从付款人开户银行发出承付通知的次日算起，遇节假日顺延。

验货承付是指付款单位除了验单外，还要等商品全部运达并验收入库后才承付货款的结算方式。验货承付的承付期为 10 天，从承运单位发出提货通知的次日算起，遇节假日顺延。

付款方若在验单或验货时发现货物的品种、规格、数量、质量、价格等与合同规定不符，可在承付期内提出全部或部分拒付的意见。拒付款项应填写"拒绝承付理由书"送交其开户银行审核并办理拒付手续。应注意，拒付货款的商品是对方所有，必须妥善为其保管。付款人在承付期内未向开户银行提出异议，银行作默认承付处理，在承付期满的次日上午将款项主动从付款方账户划转到收款方账户。

付款方在承付期满后，如果其银行账户内没有足够的资金承付货款，其不足部分作延期付款处理。延期付款部分要按一定比例向收款方支付赔偿金。待付款方账户内有款支付时，由付款方开户银行将欠款及赔偿金一并划转给收款人。

托收承付结算方式的结算程序和账务处理方法，与委托收款结算方式基本相同。

# 第三篇
# 账务处理篇

本篇以具有代表性的、业务流程相对较为完整的一般制造业为例,介绍企业日常的筹资、采购、生产和销售的账务处理工作。通过本篇的介绍,读者可以了解一般制造业的会计循环,了解日常账务处理工作。

# 第九章　筹资活动的账务处理

资金是企业从事经营活动的最基本条件。企业筹资通常有两种方式：一种是所有者权益筹资，即股东或出资人对企业进行资本性投资；另一种是负债筹资，即企业通过向银行借款或对外发行债券取得债权性投资。企业筹集的所有者投资，形成实收资本，这是企业资金运动的起点，也在一定程度上决定了企业的资金规模和生产经营规模。

## 第一节　所有者权益筹资业务

非股份有限公司应设置"实收资本"科目，股份有限公司应当设置"股本"科目，以核算投资者投入资本的增减变动情况。该科目的贷方登记实收资本的增加数额，借方登记实收资本的减少数额，期末贷方余额反映公司期末实收资本实有数额。

### 一、有限责任公司接受现金资产投资

投资者以现金投入的资本应当以在工商机关登记的注册资本或在该公司注册资本中所占的份额作为"实收资本"入账，而实际收到或存入公司开户银行的金额计入"银行存款"等科目，两者差额计入"资本公积——资本溢价"。

借：银行存款等
　　贷：实收资本
　　　　资本公积——资本溢价

【例9-1】

甲出资人出资 4 000 000 元，成立了一家从事生产并销售的有限责任公司——A公司，该公司在工商机关登记的注册资本为 3 500 000 元。

# 第九章 筹资活动的账务处理

【财务流程】

出资人到当地工商行政管理局进行名称核准→出资人在银行开立验资临时账户，存钱验资→办理工商营业执照→到税务局办理税务登记→银行申请设立基本户→根据公司实际需要建账。

【账务处理】

借：银行存款　　　　　　　　　　　　　　4 000 000

　　贷：实收资本　　　　　　　　　　　　3 500 000

　　　　资本公积——资本溢价　　　　　　　500 000

## 二、股份有限公司接受现金资产投资

股份有限公司通过公开发行股票进行筹资时，以每股股票面值和发行股份总数相乘计算出的金额作为"股本"入账；以发行价格（即实际收到的金额）计入"银行存款"等科目，两者差额计入"资本公积——股本溢价"。

借：银行存款等

　　贷：股本（按每股股票面值和发行股份总数相乘得出的金额）

　　　　资本公积——股本溢价（实际收到的金额与投资者在公司股本中所持份额的差额）

【例9-2】

为了筹集资金，A公司公开发行普通股300万股，每股面值1元，每股发行价格1.2元。

【财务流程】

经过股东大会批准并拟订发行新股申请报告→董事会向有关授权部门申请并经批准→公布公告招股说明书和财务会计报表及附属明细表→招

认股份，交纳股款。一般股票都是溢价发行，A公司按照 1.2 元的价格发行股票 3 000 000 股，将实际收到的金额 3 600 000 元借记"银行存款"账户，溢价部分则计入"资本公积"账户。

【账务处理】

借：银行存款　　　　　　　　　　　　　3 600 000

　　贷：股本　　　　　　　　　　　　　　3 000 000

　　　　资本公积——股本溢价　　　　　　　600 000

### 三、股份有限公司发行费用的处理

溢价发行股票的，发行费用从溢价收入中扣除，冲减"资本公积——股本溢价"；溢价金额不足冲减的，或者属于按面值发行、无溢价的，依次冲减"盈余公积"和"未分配利润"。

借：资本公积——股本溢价

　　盈余公积

　　利润分配——未分配利润

　　贷：银行存款

【例9-3】

在例 9-2 的基础上，若 A 公司在发行股票前，资本公积余额为 600 000 元，盈余公积 100 000 元，未分配利润 300 000 元。发行时，产生了发行费用。

溢价发行的股票产生的发行费用应首先从溢价部分扣除，溢价部分不足时，则冲减盈余公积，仍不足的部分再冲减未分配利润。

【账务处理】分三种情况考虑：

（1）若发行费为 200 000 元：

| 借：资本公积——股本溢价 | 200 000 |
|---|---|
| 　　贷：银行存款 | 200 000 |

（2）若发行费用为 650 000 元：

| 借：资本公积——股本溢价 | 600 000 |
|---|---|
| 　　盈余公积 | 50 000 |
| 　　贷：银行存款 | 650 000 |

（3）若发行费用为 800 000 元：

| 借：资本公积——股本溢价 | 600 000 |
|---|---|
| 　　盈余公积 | 100 000 |
| 　　利润分配——未分配利润 | 100 000 |
| 　　贷：银行存款 | 800 000 |

### 四、资金退出业务账务处理

公司注册资本一般较固定，特殊情况下可能发生注册资本增减变化。公司减少实收资本必须按法定程序报经批准。公司在派还投资者资本时，按实际返还金额借记"实收资本"科目，贷记"库存现金""银行存款"等科目。

【例9-4】

经批准，出资人乙从 A 公司退出。A 公司按照过去的实际出资将 2 500 000 元银行存款退还给乙出资人。

【财务流程】

投资者从公司退出并撤资时，有股权转让、减少公司注册资本等形式，如采用公司减资派还投资者资本的方式时，需履行一定的议事程序和表决程序，并依法进行公告，通知债权人。账务处理反映在实收资本科目上。

【账务处理】

借：实收资本——A公司　　　　　　　2 500 000
　　贷：银行存款　　　　　　　　　　　　　2 500 000

## 第二节 负债筹资业务

### 一、向银行取得短期借款

短期借款是指公司向银行或其他金融机构等借入的期限在 1 年以下（含 1 年）的各种款项。短期借款一般是公司为了满足正常生产经营所产生的资金需求或者是为了抵偿某项债务而借入的。

（1）借入时：

借：银行存款

　　贷：短期借款

（2）计提利息时：

借：财务费用

　　贷：应付利息

（3）归还短期借款：

借：短期借款

　　应付利息（财务费用）

　　贷：银行存款

【例9-5】

A 公司向银行借入资金 3 500 000 元用于生产经营，借款期限为 3 个月，年利率为6%，到期一次还本付息，利息按月计提。

【财务流程】

准备银行贷款所需资料→银行贷款审批→收到银行借款凭证→登记银行票据登记簿、登记贷款期限、还款日期、利率→编制记账凭证。

【账务处理】

（1）借入款项时：

借：银行存款　　　　　　　　　3 500 000

　　贷：短期借款　　　　　　　　3 500 000

（2）按月计提利息时：

借：财务费用　　　　　　　　　17 500（3 500 000×6%×1/12）

　　贷：应付利息　　　　　　　　17 500

（3）到期偿还本息时：

借：短期借款　　　　　　　　　3 500 000

　　应付利息　　　　　　　　　35 000

　　财务费用　　　　　　　　　17 500

　　贷：银行存款　　　　　　　　3 552 500

## 二、向银行取得长期借款

长期借款是公司从银行或其他金融机构借入的期限在一年以上的款项。为了总括反映长期借款的增减变动等情况，公司应设置"长期借款"科目。取得长期借款应记入该科目贷方，偿还长期借款则记入该科目借方。按照权责发生制原则，公司应分期确认长期借款的利息。公司取得的长期借款通常是到期一次支付利息的，因而应付未付的借款利息与本金一样，属于非流动负债，应贷记"长期借款"科目。确认的利息费用则应根据借款的用途等情况，确定应予费用化还是资本化，分别借记

"财务费用"或"在建工程"等科目。

(1) 公司借入长期借款:

借:银行存款

　　贷:长期借款

(2) 资产负债表日计提利息:

借:财务费用等(满足资本化条件的,计入"在建工程")

　　贷:长期借款(分期付息,到期还本)

(3) 归还长期借款:

借:长期借款

　　贷:银行存款

## 【例9-6】

A公司从银行取得长期借款300 000元用于公司的经营周转,期限为3年,年利率为10%,按复利计息,每年计息一次,到期一次偿还本息。借入款项已存入开户银行。由于该项长期借款用于公司的经营周转,因而按期确认的借款利息应当费用化,计入财务费用。

公司取得长期借款的财务流程与短期借款相似。

## 【账务处理】

(1) 取得借款时:

借:银行存款　　　　　　　　　　　　300 000

　　贷:长期借款　　　　　　　　　　　　300 000

(2) 第1年年末计息时:

第一年利息=300 000×10%=30 000(元)

借:财务费用　　　　　　　　　　　　30 000

　　贷:长期借款　　　　　　　　　　　　30 000

（3）第2年年末计息时：

第二年利息=（300 000+30 000）×10%=33 000（元）

借：财务费用　　　　　　　　　　　　33 000

　　贷：长期借款　　　　　　　　　　　　33 000

（4）第3年年末计息时：

第三年利息=（300 000+30 000+33 000）×10%=36 300（元）

借：财务费用　　　　　　　　　　　　36 300

　　贷：长期借款　　　　　　　　　　　　36 300

（5）到期偿还本息时：

借：长期借款　　　　　　　　　　　　399 300

　　贷：银行存款　　　　　　　　　　　　399 300

## 三、发行公司债券

### （一）发行债券

公司发行债券时，按实际收到的款项，借记"银行存款""库存现金"等账户，按债券面值，贷记"应付债券——面值"账户；因债券通常溢价或折价发行，即实际发行价格与债券面值不一定相等，所以应将实际收到的款项与债券面值之间的差额计入"应付债券——利息调整"。同时，债券的发行费用应计入发行债券的初始成本，也反映在"应付债券——利息调整"明细科目中。

借：银行存款

　　贷：应付债券——面值（债券面值）

　　　　　　　——利息调整（差额，或借方）

### （二）期末计提利息

期末，债券发行时产生的利息调整额应在债券存续期内于计提利息时进行摊销。摊销方法应当采用实际利率法,也就是按照应付债券的实际利率计算其摊余成本及各期利息费用的方法。由于债券的摊余成本逐期不同,因而计算出来的利息费用也就逐期不同。

每期记入"财务费用"等科目的利息费用 = 债券期初摊余成本 × 实际利率;每期确认的"应付利息"或"应付债券——应计利息"= 债券面值 × 票面利率。每期确认的利息费用与按票面利率计算的利息的差额,即为该期应摊销的利息调整额。

借:财务费用等(期初摊余成本 × 实际利率)
　　应付债券——利息调整(差额,或贷方)
贷:应付利息(分期付息债券按票面利率计算确定的利息)
　　应付债券——应计利息(到期一次还本付息债券按票面利率计算确定的利息)

(三)到期归还本金和利息

借:应付债券——面值
　　　　　　——应计利息(到期一次还本付息债券利息)
　　应付利息(分期付息债券的最后一次利息)
贷:银行存款

【例9-7】

某股份有限公司于2020年1月1日发行3年期、每年1月1日付息、到期一次还本的公司债券,债券面值为2 000 000元,票面年利率为5%,实际年利率为6%,发行价格为1 966 500元,另支发行费用20 000元。按实际利率法确认利息费用。

## 【财务流程】

做出决议或决定→申请发行并获批→公告债券募集办法，公告中须注明债券总额和债券的票面金额、债券的利率、还本付息的期限以及方式等→置备公司债券存根簿载明相关信息。

## 【账务处理】

（1）2020 年 1 月 1 日发行时：

| | |
|---|---|
| 借：银行存款 | 1 946 500 |
| 　　应付债券——利息调整 | 53 500 |
| 　贷：应付债券——面值 | 2 000 000 |

（2）2020 年 12 月 31 日确认利息费用：

该债券 2020 年度确认的利息费用 =（2 000 000-53 500）×6%

= 116 790（元）

| | |
|---|---|
| 借：财务费用等 | 116 790 |
| 　贷：应付利息 | 100 000 |
| 　　　应付债券——利息调整 | 16 790 |

2021 年 1 月 1 日偿还利息：

| | |
|---|---|
| 借：应付利息 | 100 000 |
| 　贷：银行存款 | 100 000 |

（3）2021 年 12 月 31 日确认利息费用：

该债券 2021 年度确认的利息费用 =（2 000 000-53 500+16 800）×6%

=117 798（元）

| | |
|---|---|
| 借：财务费用等 | 117 798 |
| 　贷：应付利息 | 100 000 |
| 　　　应付债券——利息调整 | 17 798 |

2022 年 1 月 1 日偿还利息：

借：应付利息　　　　　　　　　　　　　100 000
　　贷：银行存款　　　　　　　　　　　　　100 000

（4）2022年12月31日确认利息费用：

该债券2022年度确认的利息费用=（2 000 000－53 500+16 800+
　　　　　　　　　　　　　17 800）×6%=118 866（元）

借：财务费用等　　　　　　　　　　　　118 866
　　贷：应付利息　　　　　　　　　　　　　100 000
　　　　应付债券——利息调整　　　　　　　18 866

（5）2023年1月1日偿还本金及最后一期利息

借：应付债券——面值　　　　　　　　2 000 000
　　应付利息　　　　　　　　　　　　　100 000
　　贷：银行存款　　　　　　　　　　　2 100 000

# 第十章　生产运营的账务处理

　　筹资阶段过后,企业为了赚取利润,会将筹得的资金投入到生产运营中去,会计人员要记录企业在此阶段发生的业务。本章将介绍在这一过程中所涉及的账户类型,即企业在生产运营阶段的账务处理。

## 第一节 生产准备业务

公司筹集到资金后,就开始为正常的生产运营着手进行准备,例如设备、厂房、材料、工(器)具等生产用物资的准备,生产准备阶段除购入必要的生产用材料外,还涉及固定资产的购建。在生产准备过程中,通过物资采购业务,公司的财产物资增加了;同时,因采购而支付了相应的存款或承担了相应的负债,即货币资金相应减少或负债相应增加。

### 一、材料采购业务

"在途物资"属于资产类科目,用来核算实际成本法下公司在途材料的采购成本。在途材料是指公司购入,且尚在途中或虽已运达但尚未验收入库的材料的采购成本。其借方核算新增的在途材料成本,贷方核算因验收入库而转入"原材料"账户的在途材料成本,其贷方余额表示尚未到达或尚未验收入库的在途材料的实际采购成本。本科目应当按照供应单位进行明细核算。

【例10-1】

A公司为小规模纳税人,从B公司购入一批甲材料,价款合计25 000元,并以银行存款支付,材料尚未验收入库(公司按实际成本法核算,下同)。

# 第十章 生产运营的账务处理

【财务流程】

审核采购员传来的采购发票、运费发票、购物清单、采购订单等与材料采购有关的原始凭证→编制记账凭证（小规模纳税人，不涉及抵扣问题）。

【账务处理】

借：在途物资——甲材料　　　　　25 000
　　贷：银行存款　　　　　　　　　25 000

"应付账款"属于负债类科目，核算公司因购买材料、商品和接受劳务供应等应支付的款项。因购货而增加负债时，贷记本科目；因偿还货款而减少该负债时，借记本科目；期末余额表示尚未归还的货款。本科目应当按照不同的债权人进行明细核算。

【例10-2】

接例10-1，A公司购入上述材料的货款尚未支付，则公司因购入材料而增加了一笔负债，即"应付账款"增加。故该业务应编制如下会计分录。

【账务处理】

借：在途物资——甲材料　　　　　25 000
　　贷：应付账款——B公司　　　　25 000

待公司以存款支付上述货款时，再做还款分录如下：

借：应付账款——B公司　　　　　25 000
　　贷：银行存款　　　　　　　　　25 000

此外，支付款项的公司还可以签发承兑的商业汇票作为付款承诺，即

*155*

在汇票上注明要支付的金额、付款时间和其他交易信息，然后在汇票到期时通过银行转账付款。

"应付票据"属于负债类科目，核算公司购买材料、商品和接受劳务供应等而开出、承兑的商业汇票，包括银行承兑汇票和商业承兑汇票。开出、承兑商业汇票时，贷记本科目；以存款支付汇票款时，借记本科目；本科目期末贷方余额反映公司尚未到期的商业汇票的票面金额。支付银行承兑汇票的手续费记入"财务费用"科目。

【例10-3】

假设A公司开出承兑的商业汇票以支付上述购入材料所欠的货款，则A公司因购入材料而增加了一笔负债，即"应付账款"增加。

【财务流程】

向出票银行填写"银行汇票申请书"，填明收款人名称、支付金额、申请人、申请日期等事项并签章。银行受理银行汇票申请书，确定受托款项后签发银行汇票，然后将银行汇票第二联和第三联"解讫通知"一并交给汇款人。

【账务处理】

借：应付账款——B公司　　　　　　　　　25 000

　　贷：应付票据——B公司　　　　　　　　25 000

待票据到期，根据银行的付款通知再做还款分录如下：

借：应付票据——B公司　　　　　　　　　25 000

　　贷：银行存款　　　　　　　　　　　　25 000

公司必须设置"应付票据备查簿"以详细登记每一商业汇票的种类、号数和出票日期、到期日、票面余额、交易合同号和收款人姓名或单位名称以及付款日期和金额等资料。应付票据到期结清时,应当在备查簿内逐笔注销。

"应交税费"属于负债类科目,核算公司按照税法规定计算应缴纳的各种税费,包括增值税、消费税、所得税、资源税、土地增值税、城市维护建设税、房产税、土地使用税、车船使用税、教育费附加、矿产资源补偿费等。新增应交而未交的税费时,负债增加,贷记本科目;实际支付税费时,负债减少,借记本科目;本科目期末如为贷方余额,反映公司应缴纳但尚未缴纳的税费;期末如为借方余额,反映公司多交或尚未抵扣的税金。本科目应当按照应交税费的税种进行明细核算。

【例10-4】

A公司为一般纳税人,从B公司购入一批甲材料,不含增值税的价款25 000元,并取得增值税专用发票,增值税率为13%,款项尚未支付,材料尚未验收入库。

【财务流程】

缴纳税款时,纳税申报→确保缴税款账户金额充足→税务机关扣款→取回完税凭证→编制记账凭证。

【账务处理】

借:在途物资——甲材料　25 000

　　应交税费——应交增值税(进项税额)

　　　　　　　　　3250(25 000×13%=3250)

贷:应付账款——B公司　28 250(25 000+3250=28 250)

"原材料"属于资产类科目,核算公司库存的各种材料(包括原料及主要材料、辅助材料、外购半成品、修理用备件、包装材料、燃料等)

的计划成本或实际成本。材料验收入库后增加时，借记本科目；材料因领用等原因而减少时，贷记本科目。本科目的期末借方余额反映公司库存材料的计划成本或实际成本。公司应当按照材料的保管地点（仓库）、材料的类别、品种和规格等进行明细核算。

【例10-5】

接例10-1，A公司所购入的材料验收入库。

【财务流程】

审核材料入库单（财务联）、清点材料→编制记账凭证。

【账务处理】

借：原材料——甲材料　　　　　　　25 000
　　贷：在途物资——甲材料　　　　　　25 000

注意：购入的材料全部验收入库并结转后，"在途物资"科目余额应为0。

## 二、固定资产构建业务

"固定资产"属于资产类科目，用来核算公司持有固定资产的原价。公司应当按照固定资产的类别和项目进行明细核算。当公司因购入或通过其他方式取得可直接投入使用的固定资产时，借记本科目；因处置而减少固定资产时，贷记本科目；本科目期末借方余额反映公司固定资产的账面原价。

【例10-6】

某公司购入了一套办公用设备，设备价款20 000元，运费1 000元，开出承兑的商业汇票。

**【财务流程】**

审核固定资产采购合同→审核发票、验收单→审核审批手续是否完备→交付出纳人员付款。

**【账务处理】**

借：固定资产　　　　　　　　　　　　21 000

　　贷：应付票据　　　　　　　　　　　　21 000

若购入的设备需要安装后才能使用，则购入的固定资产应先通过"在建工程"科目核算设备及安装成本，待安装完毕，设备可投入使用后，再将全部成本转入"固定资产"科目。

**【例10-7】**

接例10-6，该公司购入的上述办公用设备需要安装，安装费用为500元，款项以银行存款支付。

**【账务处理】**

（1）购入设备时：

借：在建工程　　　　　　　　　　　　21 000

　　贷：应付票据　　　　　　　　　　　　21 000

（2）发生安装费用时：

借：在建工程　　　　　　　　　　　　500

　　贷：银行存款　　　　　　　　　　　　500

（3）安装完工时：

借：固定资产　　　　　　　　　　　　21 500

　　贷：在建工程　　　　　　　　　　　　21 500

注意：工程完工并结转后，"在建工程"科目余额应为0。

## 第二节　生产过程业务

公司具备生产运营所需的条件后，就开始进行产品的生产。生产过程中公司对购入的原材料进行再加工，使其变为可销售的商品，在这一过程中，除了采购原材料、发放员工报酬外，还要对生产费用进行摊销、计算固定资产的折旧、最终将产成品整理入库。从会计核算的角度看，公司在产品生产过程中所涉及的科目主要有生产成本、制造费用、应付职工薪酬、累计折旧等。

"生产成本"是指公司为了生产产品而产生的各项费用，属于成本类科目，在进行明细核算时，还应按照具体的成本核算对象，将其划分为基本生产成本和辅助生产成本。其中，基本生产车间发生的成本属于基本生产成本，例如构成产品实体的原材料以及辅助材料、直接从事生产的人员的薪酬等；辅助生产成本则是辅助生产车间为直接生产车间提供劳务和产品所发生的费用，例如辅助车间为生产车间提供的动力、机械的修理费用等。当公司进行生产，发生直接生产费用时，应借记本科目；产品生产完毕且入库后，将这部分产品的生产成本结转入"库存商品"科目。

【例10-8】

某公司生产车间领用了一批甲材料，材料成本为18 000元，该批材料全部用于生产 A 产品。

**【财务流程】**

制定生产用料计划→填制领料单→编制记账凭证。

**【账务处理】**

借：生产成本——基本生产成本（A 产品）　　18 000

　　贷：原材料——甲材料　　　　　　　　　　18 000

"制造费用"是指公司为生产产品和提供劳务而发生的各项间接费用。间接费用是与直接费用相对而言的，这部分费用虽然未直接用于产品生产，但却是为组织和管理生产所耗费的，例如管理人员的工资、办公费、水电费、机器设备的折旧费等。当生产阶段产生间接费用时，借记本科目，由于这部分费用由几个成本核算对象共同负担，因此期末应当选择合理标准进行分配，并结转计入"生产成本"，方向为贷方。

**【例10-9】**

某公司供电车间为各生产车间供电，所供给电量总价共计 1500 元。

**【账务处理】**

借：制造费用——生产车间　　　　　　　　　1500

　　贷：生产成本　　　　　　　　　　　　　　1500

职工薪酬是指职工为公司提供服务，公司为此向其支付的报酬，主要包括短期薪酬、离职后福利、辞退福利和其他长期职工福利，公司提供给职工配偶、子女及其他受益人等的福利，也属于职工薪酬。需设置"应付职工薪酬"科目，核算应付给公司职工的各种报酬，"应付职工薪酬"科目包括"工资""职工福利费""非货币性福利""社会保险费""住房公积金""工会经费""职工教育经费"等明细科目。公司管理部门人员、销售人员的职工薪酬费用,应分别在"管理费用"和"销售费用"科目进行核算。

【例10-10】

某公司期末应付职工工资总额为70 400元,"工资费用分配汇总表"中列示的产品生产人员工资为24 000元,车间管理人员工资为15 000元,企业行政管理人员工资为30 000元,销售机构人员工资为1400元。

【财务流程】

人事部门开具工资发放明细表→审核是否有负责人签字→发放工资→编制记账凭证。

【账务处理】

| | |
|---|---|
| 借:生产成本——基本生产成本 | 24 000 |
| 　　制造费用 | 15 000 |
| 　　管理费用 | 30 000 |
| 　　销售费用 | 1400 |
| 　贷:应付职工薪酬——工资 | 70 400 |

【例10-11】

该公司以银行存款支付上述生产人员薪酬,同时代扣职工个人所得税1408元。

【财务流程】

随工资发放而代扣代缴的保险、个人所得税等款项,应开具扣款收据,并和工资发放明细表同时作为附件记账。

【账务处理】

借：应付职工薪酬——工资　　　　　　　　　　70 400
　　贷：银行存款　　　　　　　　　　　　　　68 992
　　　　应交税费——代扣代缴个人所得税　　　 1 408

在生产过程中，设备厂房等固定资产的折旧费用也应作为产品成本进行核算，"累计折旧"这一科目就是用来核算公司固定资产的累计折旧的，属于固定资产的调整科目。该科目贷方登记企业计提的固定资产折旧，借方登记处置固定资产转出的累计折旧，期末贷方余额反映企业固定资产的累计折旧额。

【例10-12】

A公司当月计提生产车间固定资产的折旧共16 000元，按照不同的生产车间分配，分别为一车间3000元，二车间7000元，三车间6000元。

【财务流程】

根据固定资产原值、固定资产增减变动情况以及公司按照会计准则制定的折旧政策，编制固定资产折旧计算表、固定资产分类折旧汇总表→编制记账凭证。

【账务处理】

借：制造费用——一车间　　　　　　　　　　3000
　　　　　　——二车间　　　　　　　　　　7000
　　　　　　——三车间　　　　　　　　　　6000
　　贷：累计折旧　　　　　　　　　　　　　16 000

月末，对制造业企业发生的制造费用，应当按照合理的分配标准在不同的产品间进行分配,选择分配方法时应结合企业自身的经营特点,同时还应保证计算简便。分配方法一经确定,不得随意变更。具体分配依据一般有生产工时、工人工资、产品体积等。制造费用分配完成后,应转入对应产品的"生产成本"科目。

【例10-13】

假设某公司当月基本生产车间生产甲产品所用的机器工时为25 000小时,生产乙产品所用的机器工时为20 000小时,本月共发生制造费用450 000元,按照机器工时总数分配制造费用。

【财务流程】

编制"制造费用分配表",将全部制造费用分配计入各种产品的"生产成本——基本生产成本"中。

制造费用分配率=450 000÷(25 000+20 000)=10

甲产品应负担的制造费用=25 000×10=250 000(元)

乙产品应负担的制造费用=20 000×10=200 000(元)

【账务处理】

借:生产成本——基本生产成本——甲产品　　250 000
　　　　　　　　　　　　　　　——乙产品　　200 000
　　贷:制造费用　　　　　　　　　　　　　　450 000

# 第十一章　产品销售的账务处理

　　企业生产的产品主要用于销售。企业通过销售产品最终实现收入，获得相应的货款或债权。获得销售收入的代价就是转让商品所有权，即企业将库存商品转让给客户，这种为取得销售收入而让渡的商品所包含的生产成本就构成了企业的一项费用。企业收入与费用的差额就是企业的利润，其用于股东的分红或留存于企业继续用于生产经营。企业在销售产品的过程中，还会发生其他相关费用，如销售税金、销售运杂费、产品广告费、销售机构的办公费等。企业一般需要设置"主营业务收入""其他业务收入""主营业务成本""其他业务成本"等科目，核算企业根据合同销售商品所产生的收入及相关成本。

## 第一节　业务形成的收入

### 一、主营业务形成的收入

"主营业务收入"：损益类（收入）科目，核算公司通过销售商品、提供劳务等主营业务形成的收入，可按主营业务的种类进行明细核算。公司确认实现营业收入时，贷记本科目，期末，应将本科目的余额转入"本年利润"科目，结转时应借记本科目，结转后本科目应无余额。公司在按照合同约定售出商品时：

借：银行存款/应收账款/应收票据等
　　贷：主营业务收入
　　　　应交税费——应交增值税（销项税额）

【例11-1】

某公司为小规模纳税公司，适用增值税率3%，出售了一批商品，价款103 000元，款项已收到并存入银行。

【财务流程】

对销售发货单、运货单、产品销售出库单等进行审核→审核无误后，向客户开具销售发票→编制记账凭证。

应缴纳的增值税=103 000÷（1+3%）×3%=3000元，主营业务收入=

103 000-3000=100 000 元。

【账务处理】

借：银行存款 103 000
　　贷：主营业务收入 100 000
　　　　应交税费——应交增值税（销项税额） 3000

【例11-2】

某公司为一般纳税公司，适用增值税率13%，出售一批商品，不含增值税价款为10 000元，收到购货方开出的银行承兑汇票。

【财务流程】

收到购货方开出的银行承兑汇票→审核票据→填写收据→编制回款登记表，登记银行票据登记簿→编制记账凭证。

应缴纳的增值税=10 000×13%=1300元，应收票据=10 000+1300=11 300元。

【账务处理】

借：应收票据 11 300
　　贷：主营业务收入 10 000
　　　　应交税费——应交增值税（销项税额） 1300

商品在售出后，有可能由于在质量、规格等方面不符合销售合同相关条款的要求，被客户退货。一旦公司已售出的商品发生退货，已确认销售商品收入的售出商品发生销售退回时，除属于资产负债表日后事项的以外，企业收到退回的商品时，应退回货款或冲减应收账款，并冲减主营业务收入和增值税销项税额，借记"主营业务收入""应交税费——应交增值税（销项税额）"等科目，贷记"银行存款""应收票据""应收账款"等科目。收到退回产品，验收入库，按照商品成本，借记"库存商品"科目、贷记"主营业务成本"科目。如该项销售退回已发生现金折扣，则应同时调整相关财务费用的金额。

## 【例11-3】

某公司销售一批商品，增值税专用发票上注明售价为70 000元，增值税税额为9100元，该批商品成本为36 400元。客户收到商品后发现该商品质量出现严重问题，A公司同意退货，于退货当日支付了退货款，并按规定向客户开具了增值税专用发票。

### 【账务处理】

（1）商品售出确认收入时：

借：应收账款　　　　　　　　　　　　　　　79 100
　　贷：主营业务收入　　　　　　　　　　　　　70 000
　　　　应交税费——应交增值税（销项税额）　　9100
借：主营业务成本　　　　　　　　　　　　　36 400
　　贷：库存商品　　　　　　　　　　　　　　　36 400

（2）收到货款时：

借：银行存款　　　　　　　　　　　　　　　79 100
　　贷：应收账款　　　　　　　　　　　　　　　79 100

（3）销售退回时：

借：主营业务收入　　　　　　　　　　　　　70 000
　　应交税费——应交增值税（销项税额）　　　9100
　　贷：银行存款　　　　　　　　　　　　　　　79 100
借：库存商品　　　　　　　　　　　　　　　36 400
　　贷：主营业务成本　　　　　　　　　　　　　36 400

## 二、非主营业务形成的收入

"其他业务收入"属于损益类（收入）科目，核算公司确认的除主营业务活动以外的其他业务活动实现的收入，包括出租固定资产、出租无形资产、出租包装物和商品、销售材料、用材料进行非货币性资产交换（非货币性资产交换具有商业实质且公允价值能够可靠计量）或经债务重组等实现的收入。公司确认实现其他业务收入时，贷记本科目，期末，将本科目余额转入"本年利润"科目时，借记本科目，结转后本科目应无余额。

【例11-4】

A公司为一般纳税公司，适用增值税率13%，售出一批原材料，不含税售价为50 000元，收到购货方货款并存入银行。

【财务流程】

审核销售材料审批文件、材料领用单→开具发票→凭发票记账联、收据编制记账凭证。

【账务处理】

借：银行存款　　　　　　　56 500

　　贷：其他业务收入　　　　　50 000

　　　　应交税费——应交增值税（销项税额）

　　　　　　　　　　　　6500（50 000×13%=6500）

## 第二节　业务产生的成本

### 一、主营业务产生的成本

"主营业务成本"属于损益类（费用）科目，核算公司因销售商品、提供劳务等主营业务产生收入时应结转的成本，可按主营业务的种类进行明细核算。公司确认已产生的主营业务成本时，借记本科目，期末，将本科目的余额转入"本年利润"科目时，贷记本科目，结转后本科目应无余额。

企业根据本期销售各种商品、提供各种服务的实际成本，结转主营业务成本时：

借：主营业务成本
　　存货跌价准备（如有）
　　贷：库存商品等

**【例11-5】**

接例11-1，该公司售出的该批商品的成本为70 000元。

**【财务流程】**

根据销售产品的数量及产品的单价计算当月主营业务成本→编制出库产品汇总表、主营业务成本明细表→编制记账凭证。

## 【账务处理】

借：主营业务成本　　　　　　　　　　70 000
　　贷：库存商品　　　　　　　　　　　　70 000

## 二、非主营业务产生的成本

"其他业务成本"属于损益类（费用）科目，核算公司除主营业务活动以外的其他经营活动所产生的支出，包括销售材料的成本、出租固定资产的折旧额、出租无形资产的摊销额、出租包装物的成本或摊销额等，可按其他业务成本的种类进行明细核算。企业在日常活动中产生对外销售企业不需要的原材料、随同商品对外销售单独计价的包装物等业务时，比照商品销售进行账务处理。销售原材料、包装物等存货产生的收入作为其他业务收入处理，结转的相关成本作为其他业务成本处理。公司确认发生其他业务成本时，借记本科目，期末，将本科目余额转入"本年利润"科目时，贷记本科目，结转后本科目无余额。

（1）确认收入时：

借：银行存款等
　　贷：其他业务收入
　　　　应交税费——应交增值税（销项税额）

（2）结转原材料成本时：

借：其他业务成本
　　贷：原材料等

## 【例11-6】

接例11-4，假设A公司所售出的该批材料的账面成本为30 000元。

【财务流程】

审核材料销售审批文件、材料领用单→凭收据编制记账凭证。

【账务处理】

| | |
|---|---|
| 借：其他业务成本 | 30 000 |
| 贷：原材料 | 30 000 |

"销售费用"属于损益类（费用）科目，用来核算公司销售商品和材料、提供劳务的过程中发生的各种费用，属于期间费用的一种，包括保险费、包装费、展览费和广告费、商品维修费、预计产品质量保证损失、运输费、装卸费等以及为销售本公司商品而专设的销售机构（含销售网点、售后服务网点等）的职工薪酬、业务费、折旧费等经营费用。公司发生的与专设销售机构相关的固定资产修理费用等后续支出也在本科目核算，本科目可按费用项目进行明细核算。

销售费用是与公司销售商品活动有关的费用，但不包括销售商品本身的成本（该成本属于主营业务成本）。公司应设置"销售费用"科目，核算销售费用的发生和结转情况。公司在销售商品的过程中产生各种经营费用时，借记本科目，期末，将本科目余额转入"本年利润"科目，结转后本科目无余额。

【例11-7】

某公司为了销售商品，以银行存款支付产品运费1000元。

【财务流程】

审核货物运输凭据→审核审批手续是否完备→编制记账凭证→交付出纳人员付款。

【账务处理】

借：销售费用　　　　　　　　　　1000
　　贷：银行存款等　　　　　　　　　　1000

【例11-8】

某公司计提销售部门办公楼、办公设备折旧共计3000元。

【财务流程】

根据销售部门办公楼、办公设备原值及增减变动情况和公司按照会计准则制定的折旧政策编制折旧计算表、分类折旧汇总表→编制记账凭证。

【账务处理】

借：销售费用　　　　　　　　　　3000
　　贷：累计折旧　　　　　　　　　　　3000

【例11-9】

某公司为增值税一般纳税人，在销售过程中为了宣传产品而产生广告费，取得的增值税专用发票上注明的价款为20 000元，增值税税额为1200元，价税款项用银行存款支付。

【财务流程】

核实与广告代理方签订的合同→审核审批手续是否完备→编制记账凭证→交付出纳人员付款。

【账务处理】

借：销售费用——广告费　　　　　　　　　20 000
　　应交税费——应交增值税（进项税额）　　1200
　　贷：银行存款　　　　　　　　　　　　　　21 200

## 【例11-10】

某公司为增值税一般纳税人，用银行存款支付所销产品的保险费合计2120元，取得的增值税专用发票上注明的保险费为2000元，增值税税额为120元。

【财务流程】

核实保险底单→审核审批手续是否完备→编制记账凭证→交付出纳人员付款。

【账务处理】

借：销售费用——保险费　　　　　　　　　　2000

　　应交税费——应交增值税（进项税额）　　120

　　贷：银行存款　　　　　　　　　　　　　2120

## 【例11-11】

某公司为销售一批产品共产生费用44 000元，其中：销售人员薪酬20 000元，销售部专用办公设备和房屋的折旧费10 000元，销售业务费14 000元（用银行存款支付）。

【账务处理】

借：销售费用　　　　　　　　　　　　　　44 000

　　贷：应付职工薪酬　　　　　　　　　　20 000

　　　　累计折旧　　　　　　　　　　　　10 000

　　　　银行存款　　　　　　　　　　　　14 000

## 第三节 销售税费业务

"税金及附加"属于损益类（费用）科目，用来核算公司经营活动产生的消费税、城市维护建设税、教育费附加、资源税、房产税、城镇土地使用税、车船税、印花税等相关税费。公司按规定计算与经营活动相关的税费时，借记本科目，期末，将本科目余额转入"本年利润"科目时，贷记本科目，结转后本科目应无余额。账务处理如下：

（1）计算确定与经营活动相关的消费税、城市维护建设税、教育费附加、资源税、土地增值税（适用于房地产开发经营企业）、房产税、城镇土地使用税、车船税等。

借：税金及附加
　　贷：应交税费——应交消费税
　　　　　　　　——应交城市维护建设税
　　　　　　　　——应交教育费附加
　　　　　　　　——应交资源税
　　　　　　　　——应交土地增值税
　　　　　　　　——应交房产税
　　　　　　　　——应交城镇土地使用税
　　　　　　　　——应交车船税等

（2）缴纳不需要预计应交数的税金（比如印花税）。

借：税金及附加

　　贷：银行存款

（3）期末结转到本年利润：

借：本年利润

　　贷：税金及附加

**【例11-12】**

某公司经计算，当期销售应税消费品应缴纳的消费税为4000元，同时缴纳城市维护建设税1000元。

**【财务流程】**

计算应交税费→编制记账凭证。

**【账务处理】**

| | |
|---|---|
| 借：税金及附加 | 5000 |
| 　　贷：应交税费——应交消费税 | 4000 |
| 　　　　应交税费——应交城市维护建设税 | 1000 |

**【例11-13】**

某公司以银行存款支付了当期销售商品应缴纳的消费税4000元、城市维护建设税1000元。

**【账务处理】**

| | |
|---|---|
| 借：应交税费——应交消费税 | 4000 |
| 　　应交税费——应交城市维护建设税 | 1000 |
| 　　贷：银行存款 | 5000 |

## 【例11-14】

某公司缴纳增值税90 000元、消费税30 000元,适用的城市维护建设税税率为7%,教育费附加征收比率为3%。

## 【财务流程】

计算公司应缴纳税款。

城市维护建设税:(90 000+30 000)×7%=8400(元)

教育费附加:(90 000+30 000)×3%=3600(元)

## 【账务处理】

(1)计算确认应缴纳的城市维护建设税和教育费附加时:

| 借:税金及附加 | 12 000 |
| 贷:应交税费——应交城市维护建设税 | 8400 |
| ——应交教育费附加 | 3600 |

(2)实际缴纳上述税款时:

| 借:应交税费——应交城市维护建设税 | 8400 |
| ——应交教育费附加 | 3600 |
| 贷:银行存款 | 12 000 |

个人所得税、企业所得税、增值税、车辆购置税、耕地占用税等不通过"税金及附加"科目核算税费。

# 第十二章　利润形成及利润分配的账务处理

　　利润形成的账务处理主要涉及期末损益类账户的结转业务。利润分配是指企业根据国家有关规定和企业章程、投资者协议等，对企业当年可供分配的利润进行分配。对于利润形成和利润分配的业务，一般通过所有者权益类科目"本年利润"和"利润分配"进行相关核算。"本年利润"科目核算企业当期实现的净利润或发生的净损失；"利润分配"科目核算企业利润分配（或亏损弥补）和历年分配（或弥补）后的余额。

# 第一节　利润的形成

公司经营与销售的最终目的是要获得利润，因此本章所述的所有环节与科目最终都会反映在利润的核算中。利润主要包括收入减去费用后的净额、直接计入当期利润的利得和损失等。净利润与其他综合收益的合计金额为综合收益总额。利得是指由企业非日常活动所形成的、会导致所有者权益增加的、与所有者投入资本无关的经济利益的流入。损失是指由企业非日常活动所发生的、会导致所有者权益减少的、与向所有者分配利润无关的经济利益的流出。

## 一、利润的构成

简单地说，利润表在营业收入的基础上按照利润形成的主要环节列示营业利润、利润总额中间性利润指标，通过分步计算的方式得到当期净利润。

与利润相关的计算公式主要如下。

（一）营业利润公式

营业利润＝营业收入－营业成本－税金及附加－销售费用－管理费用－财务费用－资产减值损失＋公允价值变动净收益（－公允价值变动损失）＋投资收益（－投资损失）＋资产处置收益（－资产处置损失）＋

其他收益

其中：

营业收入 = 主营业务收入 + 其他业务收入

营业成本 = 主营业务成本 + 其他业务成本

资产减值损失是指企业计提有关资产减值准备所形成的损失；公允价值变动收益（或损失）是指企业交易性金融资产等公允价值变动形成的应计入当期损益的利得（或损失）；投资收益（或损失）是指企业以各种方式对外投资所取得的收益（或损失）。

（二）利润总额公式

利润总额 = 营业利润 + 营业外收入 − 营业外支出

其中，营业外收入是指企业发生的与其日常活动无直接关系的各项利得，营业外支出是指企业发生的与其日常活动无直接关系的各项损失。

（三）净利润公式

净利润 = 利润总额 − 所得税费用

其中，所得税费用是指企业确认的应从当期利润总额中扣除的所得税费用。

## 二、营业外收入及营业外支出

### （一）营业外收入

营业外收入是指与企业的日常营业活动无直接关系的各项利得。营业外收入并不是企业经营资金耗费所产生的，实际上是经济利益的净流入，因此不需要与有关费用进行配比。营业外收入包括非流动资产毁损报废收益、盘盈利得、捐赠利得等。

其中，非流动资产毁损报废收益，指清理因自然灾害等产生毁损、已丧失使用功能而报废的非流动资产所产生的收益；盘盈利得，指企业对现金等资产清查盘点时发生盘盈，报经批准后计入营业外收入的金额；捐赠利得，指企业接受捐赠产生的利得。

在账务处理方面，应设置"营业外收入"科目，核算营业外收入的取得及结转情况。该科目贷方登记企业确认的营业外收入，借方登记期末将"营业外收入"科目余额转入"本年利润"科目的营业外收入，结转后"营业外收入"科目无余额。"营业外收入"科目可根据营业外收入项目进行明细核算。如果企业取得的营业外收入为现金收入，则应按规定编制现金收款凭证，贷方科目为"营业外收入"科目。

（1）企业确认非流动资产毁损报废收益时：

借：固定资产清理

　　贷：营业外收入

【例12-1】

某公司将报废的固定资产进行清理，取得净收益35 960元确认为营业外收入。

【财务流程】

财务审核已获批的报废意见单→编制记账凭证。

## 【账务处理】

借：固定资产清理　　　　　　　　　　　　　35 960

　　贷：营业外收入——非流动资产毁损报废收益　　35 960

（2）企业确认盘盈利得、捐赠利得计入营业外收入时：

借：库存现金、待处理财产损溢等

　　贷：营业外收入

## 【例12-2】

某公司在现金清查中盘盈120元，确认转入营业外收入。

## 【财务流程】

确认现金盘点表→盘盈情况说明与认定→编制记账凭证。

## 【账务处理】

（1）发现盘盈时：

借：库存现金　　　　　　　　　　120

　　贷：待处理财产损溢　　　　　　　120

（2）经批准确认转入营业外收入时：

借：待处理财产损溢　　　　　　　120

　　贷：营业外收入　　　　　　　　　120

（3）期末将"营业外收入"科目余额转入"本年利润"科目时：

借：营业外收入　　　　　　　　　120

　　贷：本年利润　　　　　　　　　　120

## 【例12-3】

接例12-1、例12-2，某公司本期营业外收入总额为36 080元，期未结转当期利润。

**【账务处理】**

借：营业外收入　　　　　　　　　　36 080

　　贷：本年利润　　　　　　　　　　　　36 080

（二）营业外支出

营业外支出是指企业发生的与其日常营业活动无直接关系的各项损失，主要包括非流动资产毁损报废损失、捐赠支出、盘亏损失、罚款支出等。其中，非流动资产毁损报废损失，指对因自然灾害等发生毁损、已丧失使用功能的非流动资产进行报废处理所产生的损失；捐赠支出，指企业对外进行捐赠发生的支出；盘亏损失，主要指对于财产清查盘点中盘亏的资产，查明原因并报经批准后计入营业外支出的损失；罚款支出，指企业支付的行政罚款、税务罚款，以及其他因违反法律法规、合同协议等而支付的罚款、违约金、赔偿金等支出。

企业应设置"营业外支出"科目，核算营业外支出的发生及结转情况。该科目借方登记确认的营业外支出，贷方登记期末将"营业外支出"科目余额转入"本年利润"科目的营业外支出，结转后"营业外支出"科目无余额。"营业外支出"科目可按营业外支出项目进行明细核算。

（1）企业确认处置非流动资产毁损报废损失时：

借：营业外支出

　　贷：固定资产清理、无形资产等

**【例12-4】**

某公司取得一项价值200 000元的非专利技术并确认为无形资产，采用直线法摊销分10年进行摊销。两年后，由于该技术已被其他新技术所替代，公司决定将其进行报废处理，报废时已摊销40 000元。

**【财务流程】**

审核报废申请审批文件→计算摊余额→编制记账凭证。

**【账务处理】**

| | |
|---|---|
| 借：累计摊销 | 40 000 |
| 　　营业外支出 | 160 000 |
| 　　贷：无形资产 | 200 000 |

（2）确认盘亏、罚款支出计入营业外支出时：

借：营业外支出

　　贷：待处理财产损溢、银行存款等

## 【例12-5】

某公司因遭遇自然灾害损失原材料54 000元，经批准全部转做营业外支出。

**【账务处理】**

（1）发生原材料自然灾害损失时：

| | |
|---|---|
| 借：待处理财产损溢 | 54 000 |
| 　　贷：原材料 | 54 000 |

（2）批准处理时：

| | |
|---|---|
| 借：营业外支出 | 54 000 |
| 　　贷：待处理财产损溢 | 54 000 |

## 【例12-6】

某公司用银行存款支付税款滞纳金6000元。

【账务处理】

借：营业外支出　　　　　　　　　　　　6000
　　贷：银行存款　　　　　　　　　　　　　　6000

（3）期末，应将"营业外支出"科目余额转入"本年利润"科目时：

借：本年利润
　　贷：营业外支出

【例12-7】

若某公司本期营业外支出总额为168 000元，期末结转本年利润。

【账务处理】

借：本年利润　　　　　　　　　　　　　168 000
　　贷：营业外支出　　　　　　　　　　　　　168 000

### 三、所得税费用

所得税费用包括当期所得税和递延所得税两个部分。其中，当期所得税，即当期应交所得税，是指按照所得税法规定，针对当期发生的交易计算确定的应缴纳给税务部门的所得税金额。递延所得税包括递延所得税资产和递延所得税负债。

应纳税所得额是在利润总额的基础上调整确定的。纳税调整增加额主要包括税法规定允许扣除项目中，企业已计入当期费用但超过税法规定扣除标准的金额，以及企业已计入当期损失但按税法规定不允许扣除项目的金额（如罚款等）。纳税调整减少额主要包括企业按税法规定允许弥补的亏损和准予免税的项目，如5年内未弥补亏损和国债利息收入等。

应纳税所得额 = 税前会计利润 + 纳税调整增加额 - 纳税调整减少额

所得税应纳税额 = 应纳税所得额 × 所得税适用税率

## 【例12-8】

某公司全年利润总额为 2 040 000 元，其中包括本年实现的国债利息收入 40 000 元，所得税税率为 25%，该公司全年无其他纳税调整因素。

按照《中华人民共和国企业所得税法》（以下简称《企业所得税法》）的有关规定，购买国债的利息收入免交所得税，即在计算应纳税所得额时可将其扣除。

则该公司当期所得税的计算如下：

应纳税所得额 = 税前会计利润 - 纳税调整减少额
$\qquad$ = 2 040 000 - 40 000 = 2 000 000（元）

当期应交所得税额 = 2 000 000 × 25% = 500 000（元）

企业应设置"所得税费用"科目，核算企业所得税费用的确认及其结转情况。期末，应将"所得税费用"科目的余额转入"本年利润"科目，借记"本年利润"科目，贷记"所得税费用"科目，结转后，"所得税费用"科目应无余额。

## 【例12-9】

12 月 31 日，某公司计提所得税 500 000 元，如表 12-1 所示。

表 12-1　企业所得税计算表

单位：元

| 税种名称 | 计税依据 | 应税金额 | 税率 | 应交税金 |
|---|---|---|---|---|
| 企业所得税 | 全年利润总额 | 2 000 000 | 25% | 500 000 |

**【财务流程】**

计算利润总额，编制企业所得税计算表→编制记账凭证。

**【账务处理】**

借：所得税费用　　　　　　　　　　　　　500 000

　　贷：应交税费——应交所得税　　　　　　　500 000

## 四、本年利润

会计期末，结转本年利润的方法有表结法和账结法两种。表结法下，各损益类科目每月末只需结计出本月发生额和月末累计余额，不结转到"本年利润"科目，只有在年末时才将全年累计余额结转入"本年利润"科目。账结法下，每月末均需编制转账凭证，将在账上结计出的各损益类科目的余额结转入"本年利润"科目。账结法在各月均可通过"本年利润"科目提供当月及本年累计的利润额，但增加了转账环节和工作量。

企业应设置"本年利润"科目，核算企业本年度实现的净利润（或发生的净亏损）。会计期末，企业应将"主营业务收入""其他业务收入""其他收益""营业外收入"等科目的余额分别转入"本年利润"科目的贷方，将"主营业务成本""其他业务成本""税金及附加""销售费用""管理费用""财务费用""资产减值损失""营业外支出""所得税费用"等科目的余额分别转入"本年利润"科目的借方。企业还应将"投资收益""公允价值变动损益""资产处置损益"科目的净收益转入"本年利润"科目的贷方，将"投资收益""公允价值变动损益""资产处置损益"科目的净损失转入"本年利润"科目的借方。结转后"本年利润"科目如为贷方余额，表示当年实现净利润；如为借方余额，表示当年发生净亏损。

年度终了，企业还应将"本年利润"科目的本年累计余额转入"利润分配——未分配利润"科目。"本年利润"如为贷方余额，借记"本年利润"科目,贷记"利润分配——未分配利润"科目;如为借方余额,作相反的会计分录,借记"利润分配——未分配利润"科目,贷记"本年利润"科目。结转后,"本年利润"科目应无余额。

结转本年利润的会计处理如下。

(1)结转各项收入、利得类账户发生额。

借:主营业务收入

　　其他业务收入

　　公允价值变动损益

　　投资收益

　　资产处置损益

　　其他收益

　　营业外收入等

　贷:本年利润

(2)结转各项费用、损失类账户发生额。

借:本年利润

　贷:主营业务成本

　　　其他业务成本

　　　管理费用

　　　销售费用

　　　财务费用

　　　税金及附加

　　　资产减值损失

　　　公允价值变动损益

　　　投资收益

　　　资产处置损益

营业外支出等

（3）计算所得税费用。

借：所得税费用

　　贷：应交税费——应交所得税

（4）结转所得税费用，计算净利润。

借：本年利润

　　贷：所得税费用

（5）年末结转本年度实现的净利润。

如为盈利：

借：本年利润

　　贷：利润分配——未分配利润

如为亏损：

借：利润分配——未分配利润

　　贷：本年利润

## 【例12-10】

某公司有关损益类科目的年末余额如表12-2所示，该公司采用表结法年末一次结转损益类科目，所得税税率为25%。

表12-2　损益类科目本期发生额

单位：元

| 科目名称 | 本期借方结账前余额 | 本期贷方结账前余额 |
| --- | --- | --- |
| 主营业务收入 |  | 1 200 000 |
| 其他业务收入 |  | 140 000 |
| 其他收益 |  | 30 000 |

续表

| 科目名称 | 本期借方结账前余额 | 本期贷方结账前余额 |
| --- | --- | --- |
| 投资收益 |  | 200 000 |
| 营业外收入 |  | 10 000 |
| 主营业务成本 | 800 000 |  |
| 其他业务成本 | 80 000 |  |
| 税金及附加 | 16 000 |  |
| 销售费用 | 100 000 |  |
| 管理费用 | 154 000 |  |
| 财务费用 | 60 000 |  |
| 营业外支出 | 50 000 |  |

【财务流程】

汇总损益类科目本期发生额，编制记账凭证。

【账务处理】

（1）将各损益类科目年末余额结转至"本年利润"科目。

①结转各项收入、利得类科目

借：主营业务收入　　　　　　　1 200 000

　　其他业务收入　　　　　　　　140 000

　　其他收益　　　　　　　　　　 30 000

　　投资收益　　　　　　　　　　200 000

　　营业外收入　　　　　　　　　 10 000

　　贷：本年利润　　　　　　　1 580 000

②结转各项费用、损失类科目

| 借：本年利润 | 1 260 000 |
|---|---|
| 　　贷：主营业务成本 | 800 000 |
| 　　　　其他业务成本 | 80 000 |
| 　　　　税金及附加 | 16 000 |
| 　　　　销售费用 | 100 000 |
| 　　　　管理费用 | 154 000 |
| 　　　　财务费用 | 60 000 |
| 　　　　营业外支出 | 50 000 |

（2）经过上述结转后，"本年利润"科目的贷方发生额（合计1 580 000元）减去借方发生额（合计1 260 000元）即为税前会计利润（320 000元）。

（3）假设该公司这一年度不存在所得税纳税调整以及递延所得税因素。

确认所得税费用应交所得税=320 000×25%=80 000（元）。

| 借：所得税费用 | 80 000 |
|---|---|
| 　　贷：应交税费——应交所得税 | 80 000 |

（4）将所得税费用转入"本年利润"科目。

| 借：本年利润 | 80 000 |
|---|---|
| 　　贷：所得税费用 | 80 000 |

（5）计算净利润即本年利润科目年末余额，并结转净利润=1 580 000-1 260 000-80 000=240 000（元）。

| 借：本年利润 | 240 000 |
|---|---|
| 　　贷：利润分配——未分配利润 | 240 000 |

## 第二节 利润的分配

利润分配是指在得出的公司本年利润的基础上，对可供分配利润进行进一步分配的过程。利润分配需按照以下顺序进行。

（1）计算可供分配的利润。如果可供分配的利润为负数（即累计亏损），则不能进行后续分配；如果可供分配利润为正数（即累计盈利），则可进行后续分配。

可供分配的利润＝净利润（或亏损）＋年初未分配利润－弥补以前年度的亏损＋其他转入的金额

（2）提取法定盈余公积。提取标准为当年净利润的10%，提取的法定盈余公积的累计额超过注册资本50%以上的，可以不再提取。

（3）提取任意盈余公积。提取法定盈余公积后，如有需要，经股东大会批准则可以从净利润提取任意盈余公积。

（4）向投资者分配利润。当可供分配利润经过以上分配步骤后仍有结余时，可以用于向投资者进行分配，分配时按照先优先股后普通股的顺序支付。

基本的账务处理如下。

（1）提取法定盈余公积时：

借：利润分配——提取法定盈余公积

　　贷：盈余公积——提取法定盈余公积

（2）对外宣告对投资者分红时：

借：利润分配——应付股利

　　贷：应付股利

（3）年末结转本年度已分配利润时：

借：利润分配——未分配利润

　　贷：利润分配——提取法定盈余公积

　　　　利润分配——应付股利

## 【例12-11】

接例12-10，某公司当年实现净利润240 000，年末按照本年净利润的10%提取法定盈余公积。

法定盈余公积＝净利润×10%＝240 000×10%＝24 000（元）

### 【账务处理】

借：利润分配——提取法定盈余公积　　　　　　24 000

　　贷：盈余公积——法定盈余公积　　　　　　　　24 000

## 【例12-12】

12月31日，某公司结转本年度已分配利润，将利润分配各明细科目的余额转入"未分配利润"明细科目。

### 【账务处理】

借：利润分配——未分配利润　　　　　　　　　24 000

　　贷：利润分配——提取法定盈余公积　　　　　　24 000

# 第十三章　会计电算化

　　近年来，随着经济的发展以及生产经营扩大化，方方面面都对会计所提供的经济信息提出了更高要求，在科技的推动下，会计电算化在企业核算中的实际应用日益成熟。

　　会计电算化就是将计算机信息技术应用于会计实务工作中，简单地说，就是利用各类财务软件的实操来代替手工记账。企业要结合自身实际情况选择适合的财务软件，通过数据的录入形成自己的会计信息系统。会计电算化能够实现财务数据的自动化处理，大大提高会计信息的处理效率。

# 第一节　会计电算化对会计工作的影响

## 一、对会计账簿的影响

按照凭证的时间顺序、经济业务类别等进行分类，会计账簿可以分为序时账簿、分类账簿和备查账簿。在手工记账的流程中，拿到一张新的凭证后，应将上面的数据按照对应的科目、金额等登记到相应的日记账或分类账中，此时的账簿发挥着数据存储的作用。而会计电算化的应用改变了传统手工会计的处理流程，会计信息系统内无须严格区分传统意义上的日记账、分类账、总账等。在财务软件中，只要选定一个科目，系统就可以将涉及该科目的所有业务筛选出来便于分类查看，如果将数据按照日期进行排序，则可以实现查看日记账的功能。

## 二、对记账规则的影响

手工记账时，不同的账簿有不同的装订方法，明细账要使用活页账簿，日记账、总账则要使用订本账簿，账簿和账簿需定期核对，在账簿登记中出现错误时需按规定进行划线更正或红字冲销，且账簿登记须连贯，不可空页或者跳行。而会计电算化下，所有账目通过电脑录入，打印出来的日记账、总账等可活页装订，如想查询明细账中的具体数据，只需检索即可，如有需要可随时打印，只要正确地录入凭证，会计电算化的相关软件便可高效完成传统手工账下的各类账务处理。

## 第二节　会计电算化软件的应用流程

在实际操作中，企业会结合自身的实际情况选择不同的财务软件作为自己的会计电算化平台。虽然不同的财务软件操作方法不同，但其共性的应用流程可总结为以下几项。

### 一、系统初始化

财务软件在开始使用前，都需要进行系统初始化，在这一步骤中，会将基础会计档案与财务数据录入系统，并结合企业实际情况调节软件的参数，因此系统初始化可以看作是财务软件正常运行的基础，并且会对财务软件的后续使用持续产生影响。系统初始化所设置的参数及数据属于该财务软件的公用基础，在这一步骤中应完成创建账套、添加操作员、设置权限、设置基础信息等内容。而一套系统又分为不同的模块。模块初始化就是要按照企业的要求，设置不同模块运行时所需的基本信息及参数，导入各模块的数据等。

系统初始化在软件首次投入应用时一次性完成，在后续使用中可结合实际情况调整部分系统设置。

### 二、日常处理

在企业的正常运营中，每个会计期间都会有一些相同的、多次发生的日常业务，例如企业购入原材料、销售产品、缴纳税款等，这些业务的处理属于日常处理。日常处理指的是根据企业的业务资料，进行凭证的录入、审核、记账等相关工作。日常业务重复发生的频率较高，且发生金额都不同，输入数据量大，因此每笔业务都需要认真录入。

### 三、期末处理

在会计期末需要完成的特定业务即为期末处理，例如结清余额、结转等，这部分处理可由财务软件按照固定的流程自动完成，方便快捷，无须人工计算，只要前期的日常业务均处理正确，就会得出准确的会计期末数据。

### 四、数据管理

数据管理贯穿于财务软件应用环节的各个阶段，并不属于某一具体模块，数据管理主要包括数据的备份与还原。数据备份指的是将财务软件内的数据复制在另一存储工具内，需要备份的内容主要包括财务账套及年度账等内容。数据还原与数据备份相对应，是指将保存的财务数据重新恢复到电脑上的过程。做好财务软件运行过程中的数据管理，是保证会计电算化运行连贯、稳定的重要环节。

# 第四篇
# 税务处理篇

根据《中华人民共和国税收征收管理法》（以下简称《税收征收管理法》）的规定，纳税申报是指纳税人按照税法规定的期限和内容向税务机关提交有关纳税事项书面报告的法律行为，是纳税人履行纳税义务、承担法律责任的主要依据，是税务机关税收管理信息的主要来源和税务管理的一项重要制度。在我国，从事生产经营的企业应当缴纳增值税；生产应税消费品的企业应当缴纳消费税；有生产经营所得和其他所得的境内企业和组织应当缴纳企业所得税；企业的生产、经营账册和签订的各类合同应当缴纳印花税；有房产、土地、车船的企业应当缴纳房产税、土地使用税和车船税等。

# 第十四章　增值税

　　增值税是以商品（含应税劳务）在流转过程中产生的增值额作为计税依据而征收的税金。根据《中华人民共和国增值税暂行条例》(以下简称《增值税暂行条例》)，在我国境内销售货物或者提供加工、修理修配劳务（以下简称"劳务"），销售服务、无形资产、不动产以及进口货物的单位和个人，为增值税的纳税人。增值税纳税人可分为一般纳税人和小规模纳税人。本章以增值税一般纳税人为例，介绍我国第一大税种——增值税的知识。

## 第一节　增值税的应纳税额

### 一、一般纳税人登记管理

根据《增值税一般纳税人登记管理办法》规定，增值税纳税人（以下简称"纳税人"），年应税销售额超过财政部、国家税务总局规定的小规模纳税人标准（以下简称"规定标准"）的，除特殊规定外，应当向主管税务机关办理一般纳税人登记。

该办法对一般纳税人登记管理作出如下规定：

第三条　年应税销售额未超过规定标准的纳税人，会计核算健全，能够提供准确税务资料的，可以向主管税务机关办理一般纳税人登记。

本办法所称会计核算健全，是指能够按照国家统一的会计制度规定设置账簿，根据合法、有效凭证进行核算。

第四条　下列纳税人不办理一般纳税人登记：

（一）按照政策规定，选择按照小规模纳税人纳税的；

（二）年应税销售额超过规定标准的其他个人。

第五条　纳税人应当向其机构所在地主管税务机关办理一般纳税人登记手续。

第六条　纳税人办理一般纳税人登记的程序如下：

（一）纳税人向主管税务机关填报《增值税一般纳税人登记表》，如实

填写固定生产经营场所等信息,并提供税务登记证件;

(二)纳税人填报内容与税务登记信息一致的,主管税务机关当场登记;

(三)纳税人填报内容与税务登记信息不一致,或者不符合填列要求的,税务机关应当场告知纳税人需要补正的内容。

第七条 年应税销售额超过规定标准的纳税人符合本办法第四条第一项规定的,应当向主管税务机关提交书面说明。

第八条 纳税人在年应税销售额超过规定标准的月份(或季度)的所属申报期结束后15日内按照本办法第六条或者第七条的规定办理相关手续;未按规定时限办理的,主管税务机关应当在规定时限结束后5日内制作《税务事项通知书》,告知纳税人应当在5日内向主管税务机关办理相关手续;逾期仍不办理的,次月起按销售额依照增值税税率计算应纳税额,不得抵扣进项税额,直至纳税人办理相关手续为止。

第九条 纳税人自一般纳税人生效之日起,按照增值税一般计税方法计算应纳税额,并可以按照规定领用增值税专用发票,财政部、国家税务总局另有规定的除外。

本办法所称的生效之日,是指纳税人办理登记的当月1日或者次月1日,由纳税人在办理登记手续时自行选择。

第十条 纳税人登记为一般纳税人后,不得转为小规模纳税人,国家税务总局另有规定的除外。

## 二、应纳税额的计算

从理论上说,增值税以增值额为课税对象,但对于一般纳税人而言,对其应纳税额的计算采用了国际通行的"发票扣税法",即首先计算出商品(或应税劳务)的整体税负,然后从整体税负中扣除法定的外购项目已纳税款，前者为增值税的销项税额，后者为增值税的进项税额，那么其应税销售行为产生的应纳税额为当期销项税额抵扣当期进项税额后的余额。

$$应纳税额 = 当期销项税额 - 当期进项税额$$

纳税人发生应税销售行为，对其按照销售额（纳税人发生应税销售行为收取的全部价款和价外费用，但是不包括收取的销项税额）和规定的适用税率计算收取的增值税额为销项税额。

$$销项税额 = 销售额 \times 税率$$

相应地，纳税人购进货物、劳务、服务、无形资产、不动产时支付或者负担的增值税额，为进项税额。《增值税暂行条例》规定，下列进项税额准予从销项税额中抵扣：①从销售方取得的增值税专用发票上注明的增值税额；②从海关取得的海关进口增值税专用缴款书上注明的增值税额；③购进农产品，除取得增值税专用发票或者海关进口增值税专用缴款书外，按照农产品收购发票或者销售发票上注明的农产品买价和适用的扣除率计算的进项税额，国务院另有规定的除外；④自境外单位或者个人购进劳务、服务、无形资产或者境内的不动产，从税务机关或者扣缴义务人取得的代扣代缴税款的完税凭证上注明的增值税额。自2012年7月1日起，财政部和国家税务总局在部分行业开展增值税进项税额核定扣除试点，对纳入试点范围的增值税一般纳税人购进农产品增值税进项税额，实施核定扣除办法。那么进项税抵扣方式有三种：一般情况下的凭票抵扣、特殊情况下的计算抵扣、核定抵扣。

2019年3月，财政部等三部门发布《关于深化增值税改革有关政策的公告》（4月1日起执行），以推进实质性减税。

（一）增值税一般纳税人（以下称"纳税人"）发生增值税应税销售行为或者进口货物，原适用16%税率的，税率调整为13%；原适用10%税率的，税率调整为9%。

（二）纳税人购进农产品，原适用10%扣除率的，扣除率调整为9%。纳税人购进用于生产或者委托加工13%税率货物的农产品，按照10%的扣除率计算进项税额。

（三）原适用16%税率且出口退税率为16%的出口货物劳务，出口退税率调整为13%；原适用10%税率且出口退税率为10%的出口货物、跨境应税行为，出口退税率调整为9%。

### 三、增值税的纳税期限

根据规定，增值税的纳税期限分别为1日、3日、5日、10日、15日、1个月或者1个季度。纳税人的具体纳税期限，由主管税务机关根据纳税人应纳税额的大小分别核定。以1个季度为纳税期限的规定适用于小规模纳税人、银行、财务公司、信托投资公司、信用社，以及财政部和国家税务总局规定的其他纳税人。不能按照固定期限纳税的，可以按次纳税。

纳税人以1个月或者1个季度为1个纳税期的，自期满之日起15日内申报纳税；以1日、3日、5日、10日或者15日为1个纳税期的，自期满之日起5日内预缴税款，于次月1日起15日内申报纳税并结清上月应纳税款。

## 第二节　增值税的账务处理

### 一、会计科目及专栏设置

根据《增值税会计处理规定》，一般纳税人应在"应交税费"科目下设置"应交增值税""未交增值税""预交增值税"等 10 个与增值税相关的明细科目，一般纳税人还应在"应交增值税"明细科目下进一步设置 10 个专栏。

#### （一）"应交增值税"明细科目

在"应交增值税"明细账内设置"进项税额""销项税额""进项税额转出""已交税金""转出未交增值税""转出多交增值税"等专栏。

"进项税额"专栏，记录一般纳税人购进货物、加工修理修配劳务、服务、无形资产或不动产而支付或负担的、准予从当期销项税额中抵扣的增值税额。

"销项税额"专栏，记录一般纳税人销售货物、加工修理修配劳务、服务、无形资产或不动产应收取的增值税额。

"进项税额转出"专栏，记录一般纳税人购进货物、加工修理修配劳务、服务、无形资产或不动产等发生非正常损失以及其他原因而不应从销项税额中抵扣、按规定转出的进项税额。

"已交税金"专栏，记录一般纳税人当月已交纳的应交增值税额。

"转出未交增值税"和"转出多交增值税"专栏,分别记录一般纳税人月度终了转出当月应交未交或多交的增值税额。

(二)"未交增值税"明细科目

该科目核算一般纳税人月度终了从"应交增值税"或"预交增值税"明细科目转入当月应交未交、多交或预交的增值税额,以及当月缴纳以前期间未交的增值税额。

(三)"预交增值税"明细科目

该科目核算一般纳税人转让不动产、提供不动产经营租赁服务、提供建筑服务、采用预收款方式销售自行开发的房地产项目等,以及其他按现行增值税制度规定应预缴的增值税额。

根据《增值税暂行条例》,增值税的缴纳既可以当月交当月,也可以当月交上月。那么,当月交当月时应借记"应交税费——应交增值税(已交税金)"科目,而当月交上月时应借记"应交税费——未交增值税"科目。

此外,在"应交税费——应交增值税"科目下,"转出未交增值税"和"转出多交增值税"两个专栏属于期末调整账项。当"应交增值税"明细账中销项税额大于进项税额时,进项税额抵扣后,"应交增值税"明细账余额在贷方时,表示本期有应交未交的增值税额,需要从"应交增值税"明细账的"转出未交增值税"专栏借方转出,转入到"未交增值税"明细科目的贷方;反之,"应交增值税"明细账余额在借方时,表示本期有多交的增值税额,需要从"应交增值税"明细账的"转出多交增值税"专栏贷方转出,转入到"未交增值税"明细账的借方。

## 二、应用实例

**【例14-1】**

2020年10月10日，某公司从A公司购入甲材料，取得增值税专用发票1份，增值税专用发票上注明原材料价款为2 000 000元，增值税260 000元。材料已到达并验收入库，款项未付。

**【账务处理】** 分三种情况考虑：

（1）根据采购发票、材料入库单、采购订单等与材料采购有关的原始凭证，编制如下会计分录。

借：原材料——甲材料　　　　　　　　　　　　2 000 000
　　应交税费——应交增值税（进项税额）　　　　260 000
　　　贷：应付账款——A公司　　　　　　　　　2 260 000

（2）如果购进甲材料，取得增值税专用发票后，当期尚未勾选认证发票，编制如下会计分录。

借：原材料——甲材料　　　　　　　　　　　　2 000 000
　　应交税费——待认证进项税额　　　　　　　　260 000
　　　贷：应付账款——A公司　　　　　　　　　2 260 000

若后期认证通过时，编制如下会计分录：

借：应交税费——应交增值税（进项税额）　　　　260 000
　　　贷：应交税费——待认证进项税额　　　　　260 000

（3）如果购进甲材料，取得增值税专用发票后，用于集体福利，编制如下会计分录。

借：原材料——甲材料　　　　　　　　　　　　2 000 000
　　应交税费——应交增值税（进项税额）　　　　260 000
　　　贷：应付账款——A公司　　　　　　　　　2 260 000

借：应付职工薪酬　　　　　　　　　　　　　　　2 260 000
　　贷：原材料——甲材料　　　　　　　　　　　　2 000 000
　　　　应交税费——应交增值税（进项税额转出）　　260 000

## 【例14-2】

2020年10月23日，A公司以直接销售方式销售乙产品给客户B公司，开具增值税专用发票1份，不含税的金额为3 000 000元，税额为510 000元，尚未收款。

### 【账务处理】

审核客户信用情况，审核销售通知单、销售发货单、产品销售出库单以及销售发票通知单，向客户开具销售发票，编制如下会计分录。

借：应收账款——B公司　　　　　　　　　　　　3 510 000
　　贷：主营业务收入——A产品　　　　　　　　　3 000 000
　　　　应交税费——应交增值税（销项税额）　　　510 000

## 【例14-3】

2020年10月31日，某公司销项税额合计920 000元，进项税额合计710 000元，进项税额转出合计80 000元。则一般计税方法的应纳税额=920 000-（710 000-80 000）=290 000（元）。

### 【账务处理】

分两种情况考虑。

（1）假设公司选择按月申报缴纳增值税。

①计算结转当月应交未交的增值税。

借：应交税费——应交增值税（转出未交增值税）　　290 000
　　贷：应交税费——未交增值税　　　　　　　　　290 000

若上述公式计算出的差额为负数，则应编制会计分录如下：

借：应交税费——未交增值税

　　贷：应交税费——应交增值税（转出多交增值税）

②次月缴税时。

借：应交税费——未交增值税　　　　　　　　290 000

　　贷：银行存款　　　　　　　　　　　　　　290 000

（2）假设公司选择按10天期限申报缴纳增值。

计算应交增值税，当月缴税时。

借：应交税费——应交增值税（已交税金）　　290 000

　　贷：银行存款　　　　　　　　　　　　　　290 000

## 第三节　增值税的纳税申报

### 一、纳税申报时需提交的资料

依照税收法律、法规、规章及其他有关规定，一般纳税人需要在规定的纳税期限内填报《增值税纳税申报表》及其附列资料和其他资料。自2021年8月1日起，附加税费申报表与增值税申报表进行整合申报。《增值税及附加税费申报表（一般纳税人适用）》获取渠道如下：通过国家税务局12366官网 http://12366.chinatax.gov.cn 的"办税服务—办税指南"栏目查询"增值税一般纳税人申报"，可以获取申请条件、设定依据、办理材料、办理地点、办理机构、收费标准、办理时间、联系电话、办理流程等信息。可以下载《增值税及附加税费申报表（一般纳税人适用）》。《增值税及附加税费申报表（一般纳税人适用）》格式如表14-1。

## 表14-1 增值税及附加税费申报表

（一般纳税人适用）

根据国家税收法律法规及增值税相关规定制定本表。纳税人不论有无销售额，均应按税务机关核定的纳税期限填写本表，并向当地税务机关申报。

税款所属时间：自 年 月 日 至 年 月 日　　填表日期： 年 月 日　　金额单位：元（列至角分）

纳税人识别号（统一社会信用代码）：□□□□□□□□□□□□□□□□□□　　所属行业：

| 纳税人名称： | | | 法定代表人姓名 | | 注册地址 | | 生产经营地址 | |
|---|---|---|---|---|---|---|---|---|
| 开户银行及账号 | | | 登记注册类型 | | | | 电话号码 | |

| 项　目 | 栏次 | 一般项目 | | 即征即退项目 | |
|---|---|---|---|---|---|
| | | 本月数 | 本年累计 | 本月数 | 本年累计 |
| 销售额 | （一）按适用税率计税销售额 | 1 | | | | |
| | 其中：应税货物销售额 | 2 | | | | |
| | 　　　应税劳务销售额 | 3 | | | | |
| | 　　　纳税检查调整的销售额 | 4 | | | | |
| | （二）按简易办法计税销售额 | 5 | | | | |
| | 其中：纳税检查调整的销售额 | 6 | | | | |

续表

| 项目 | 栏次 | 一般项目 本月数 | 一般项目 本年累计 | 即征即退项目 本月数 | 即征即退项目 本年累计 |
|---|---|---|---|---|---|
| (三) 免、抵、退办法出口销售额 | 7 | — | — | — | — |
| (四) 免税销售额 | 8 | | | — | — |
| 其中：免税货物销售额 | 9 | | | — | — |
| 免税劳务销售额 | 10 | | | — | — |
| 销项税额 | 11 | | | | |
| 进项税额 | 12 | | | | |
| 上期留抵税额 | 13 | | | | |
| 进项税额转出 | 14 | | | | |
| 免、抵、退应退税额 | 15 | | | — | — |
| 按适用税率计算的纳税检查应补缴税额 | 16 | | | — | — |
| 应抵扣税额合计 | 17=12+13−14−15+16 | | — | | |

续表

| 项　目 | 栏次 | 一般项目 本月数 | 一般项目 本年累计 | 即征即退项目 本月数 | 即征即退项目 本年累计 |
|---|---|---|---|---|---|
| 实际抵扣税额 | 18（如17<11，则为17，否则为11） | | | | |
| 应纳税额 | 19=11−18 | | | — | — |
| 期末留抵税额 | 20=17−18 | | | — | — |
| 简易计税办法计算的应纳税额 | 21 | | | | |
| 按简易计税办法计算的纳税检查应补缴税额 | 22 | | | | |
| 应纳税额减征额 | 23 | | | | |
| 应纳税额合计 | 24=19+21−23 | | | | |

续表

| | 项　目 | 栏次 | 一般项目 本月数 | 一般项目 本年累计 | 即征即退项目 本月数 | 即征即退项目 本年累计 |
|---|---|---|---|---|---|---|
| 税款缴纳 | 期初未缴税额（多缴为负数） | 25 | | | | — |
| | 实收出口开具专用缴款书退税额 | 26 | | — | — | — |
| | 本期已缴税额 | 27=28+29+30+31 | | | | |
| | ①分次预缴税额 | 28 | | — | — | — |
| | ②出口开具专用缴款书预缴税额 | 29 | | — | — | — |
| | ③本期缴纳上期应纳税额 | 30 | | | | |
| | ④本期缴纳欠缴税额 | 31 | | | | |
| | 期末未缴税额（多缴为负数） | 32=24+25+26−27 | | — | | — |
| | 其中：欠缴额（≥0） | 33=25+26−27 | | | | |

续表

| 项目 | 栏次 | 一般项目 本月数 | 一般项目 本年累计 | 即征即退项目 本月数 | 即征即退项目 本年累计 |
|---|---|---|---|---|---|
| 本期应补（退）税额 | 34＝24-28-29 | | — | — | — |
| 即征即退实际退税额 | 35 | — | | — | — |
| 期初未缴查补税额 | 36 | | — | — | — |
| 本期入库查补税额 | 37 | | — | — | — |
| 期末未缴查补税额 | 38＝16+22+36-37 | | — | — | — |
| 附加税费 城市维护建设税本期应补（退）税额 | 39 | | | — | — |
| 附加税费 教育费附加本期应补（退）费额 | 40 | | | — | — |
| 附加税费 地方教育附加本期应补（退）费额 | 41 | | | — | — |

续表

| 项　目 | 栏次 | 一般项目 || 即征即退项目 ||
|---|---|---|---|---|---|
| | | 本月数 | 本年累计 | 本月数 | 本年累计 |

声明：此表是根据国家税收法律法规及相关规定填写的，本人（单位）对填报内容（及附带资料）的真实性、可靠性、完整性负责。

纳税人（签章）：　　年　月　日

经办人：
经办人身份证号：
代理机构签章：
代理机构统一社会信用代码：

受理人：
受理税务机关（章）：　　受理日期：年　月　日

《增值税及附加税费申报表（一般纳税人适用）》平行列示了一般计税方法和简易计税方法应纳税额的形成过程，并将两种计税方法应纳税额的合计数，先后扣减应纳税额减征额和本期已缴税额后得出本期应补（退）税额。

## 二、申报及缴纳程序

一般纳税人对增值税进行纳税申报时，必须实行电子信息采集后，方可通过办税服务大厅（场所）、电子税务局办理，具体地点和网址可以从省（自治区、直辖市和计划单列市）税务局网站"纳税服务"栏目查询。

（一）发票认证或勾选确认

发票认证有两种方式，纳税人可以持增值税专用发票的抵扣联在办税服务厅认证窗口认证，或进行远程认证（网上增值税专用发票扫描认证）。网上增值税专用发票扫描认证是增值税一般纳税人月底前使用扫描仪采集专用发票抵扣联票面信息，将该信息录入认证专用软件（增值税发票抵扣联企业信息采集系统），生成电子数据，通过互联网报送税务机关，由税务机关进行解密认证，并将认证结果信息返回纳税人的一种专用发票认证方式。税务机关认证后，向纳税人下达"认证结果通知书"和"认证结果清单"。对于认证不符及密文有误的抵扣联，税务机关暂不予抵扣，并当场扣留做调查处理。

随着金税工程三期、四期的项目建设，增值税发票管理系统的不断发展，国家税务总局近几年逐步推行勾选确认的方式进行申报抵扣。一般纳税人登录各省的增值税发票综合服务平台，在所属申报期勾选要抵扣的发票，然后查看已勾选发票的汇总信息，如果无误，点击确认，确认后的信息会自动采集到申报表，纳税人核对后即可申报。这种更为便捷的勾选确认方式，实现了和电子税务局的对接。发票认证和勾选确认通常在月末进行。

（二）抄报税或数据确认

一般纳税人企业需要通过防伪税控系统（开票软件）来开具增值税专用发票。抄报税是指在税控系统（开票软件）中将开具发票的信息上传。月末结束后，根据当地税务机关规定的抄税时限（一般是次月初），纳税人登录增值税税控系统（开票软件），将所属抄税期开具的增值税发票的信息读入开发票使用的 IC 卡中，这个过程就是抄税；然后向办税服务厅（场所）上报或向电子税务局上传开票信息，这个过程称为报税。目前，我国绝大多数地区实行网上申报。随着电子发票推广力度的加大，在税控开票软件中增加了电子发票开具功能。

一般纳税人企业也可以利用电子发票服务平台（向单位或个人提供的电子发票开具、打印、查询、交付及其他相关服务的信息系统），按照税务部门对发票填开的相关要求，通过开票设备及开票接口服务开具电子发票。完成发票开具后，由开票设备自动将发票信息上传至税务机关信息系统。

《国家税务总局关于 2019 年开展"便民办税春风行动"的意见》决定：除了特定纳税人及特殊情形外，将增值税发票抄报税改由纳税人对开票数据进行确认。这样，开票系统会根据开具发票的确认情况自动提取数据并赋值到对应栏次。

（三）申报缴纳

登录电子税务局，进入缴纳申报界面后，点击增值税适用于本企业类型的申报表，进行填写。

对于实行税库银联网的纳税人，税务机关将纳税申报表单据送到纳税人的开户银行，由银行进行自动转账处理；而未实行税库银联网的纳税人则应当到税务机关指定的银行缴纳现金。

# 第十五章 所得税

在我国现行的税种中，从收入规模上看，企业所得税是仅次于增值税的第二大税种。根据《中华人民共和国企业所得税法》的规定，企业所得税的纳税人分为居民企业和非居民企业。居民企业，是指依法在中国境内成立，或者依照外国（地区）法律成立但实际管理机构在中国境内的企业。非居民企业是指按照外国（地区）法律设立的企业，其实际管理机构不在中国，但在中国设立了机构和场所，或在中国未设立机构和场所，但从中国获得收入的企业。居民企业应当就其来源于中国境内、境外的所得缴纳企业所得税。非居民企业应当就来源于中国境内的所得缴纳企业所得税。2019年12月，国家税务总局发布了《关于修订企业所得税年度纳税申报表有关问题的公告》，对企业所得税年度纳税申报表进行了最新修订，进一步优化填报口径，减轻纳税人的办税负担。

# 第一节　所得税的应纳税额

## 一、税会差异

税收是国家为满足社会公共需要，凭借公共权力，按照法律所规定的标准和程序，参与国民收入分配，强制地无偿地取得财政收入的一种方式。税法的主要目的和作用是"保障国家税收收入"，而会计准则的目标是"提高会计信息质量"。因此，税法规定的税务处理方法与会计准则规定的会计处理方法存在差异。企业一般会将基于会计准则计算出的会计利润调整到应税利润。如果企业从会计利润倒算到应税利润，考虑的税会差异将是永久性差异和时间性差异。其中，永久性差异即某一年度的应纳税所得额和税前会计利润之间的差额，在本年度调整但不能在以后年度转回，这种差额主要是由于会计与税收在计算其收益或所得时确认的收支口径不同造成的；时间性差异即由于会计准则与税法规定在确认收益、成本费用或损失的时点不一致而产生的税前会计利润与应纳税所得额的差异。

《企业会计准则第18号——所得税》中要求企业除了要反映应交所得税，还要反映根据企业的账面价值与其计税基础的差异乘以所得税税率得出的递延所得税资产和递延所得税负债。这与国际上通行的做法一致，通过计算企业资产负债的账面价值和计税基础的暂时性差异，确定递延所得税资产（负债）及所得税费用（或所有者权益）。若产生递延所得税资产和递延所得税负债的项目与利润相关，则递延所得税资产和递延所得税负债对应的账户为所得税费用——递延所得税费用；若产生递延所得税资产和递延所得税负债的项目与利润无关，则递延所得税资产和递延所得税负债对应的账户就不是所得税费用，而是相应账户。由此可以看出，现行的所得税会计涉及两个问题：一是确定应交税金——应交所得税，它的计算是基于会计利润调整到应税利润，然后乘以所得税税率；二是确认递延所得税资产和递延所得税负债。

## 二、应纳税额的计算

### （一）应纳税所得额的确定

企业在计算企业所得税时以应纳税所得额为计税基础，而根据《企业所得税法》规定，应纳税所得额为每一纳税年度的收入总额扣除不征税收入、免税收入、各项扣除以及允许弥补的以前年度亏损后的余额。

（1）收入总额包括：销售货物收入；提供劳务收入；转让财产收入；股息、红利等权益性投资收益；利息收入；租金收入；特许权使用费；接受捐赠收入；其他收入。

（2）不征税收入包括：财政拨款；依法收取并纳入财政管理的行政事业性收费、政府性基金；国务院规定的其他不征税收入。

（3）免税收入包括：国债利息收入；符合条件的居民企业之间的股息、红利等权益性投资收益；在中国境内设立机构、场所的非居民企业从居民企业取得与该机构、场所有实际联系的股息、红利等权益性投资收益；符合条件的非营利组织的收入。

（4）各项扣除：指企业实际发生的与取得收入直接相关的、合理的、必要的支出，包括成本、费用、税金、损失和其他支出。

## （二）企业所得税的计算

目前我国企业所得税的基本税率为 25%，符合条件的小型微利企业适用税率为 20%，国家需要重点扶持的高新技术企业适用税率为 15%。

应纳税额 ＝ 应纳税所得额 × 适用税率 － 减免税额 － 抵免税额

在计算应纳税所得额时，企业财务、会计处理办法与税收法律、行政法规的规定不一致的，应当依照税收法律、行政法规的规定计算。

## 三、企业所得税的纳税期限

企业所得税按年计征，分月或是分季预缴，年终汇算清缴，多退少补。

企业所得税的纳税年度，从公历 1 月 1 日起至 12 月 31 日止。企业在一个纳税年度的中间开业，或是由于合并、关闭等原因终止经营活动，使该纳税年度的实际经营期不足 12 个月的，应当以其实际经营期为一个纳税年度。企业清算时，应当以清算期间作为一个纳税年度。

按月或按季预缴的，应当从月份或者季度终了之日起 15 日内，向税务机关报送预缴企业所得税纳税申报表，预缴税款。

从年度终了之日起 5 个月内，向税务机关报送年度企业所得税纳税申报表，并汇算清缴，结清应缴所得税款。

企业在年度中间终止经营活动的，应当从实际经营终止之日起 60 日内，向税务机关办理当期企业所得税汇算清缴。

# 第十五章 所得税

## 第二节 企业所得税的账务处理

### 一、会计科目设置

会计科目设置损益类科目"所得税费用",在"应交税费"科目下设置"应交所得税"明细科目,计提企业所得税时的账务处理:

借:所得税费用
　　贷:应交税费——应交所得税

"所得税费用"是会计上确认的数据,"应交税费——应交所得税"是税法口径数据(应纳税额),由于税会差异,借方"所得税费用"贷方"应交税费——应交企业所得税"金额不等,产生了"递延所得税资产"科目以及"递延所得税负债"科目。

借:所得税费用
　　递延所得税资产
　　贷:应交税费——应交所得税
　　　　递延所得税负债

递延所得税包括两种情况:"所得税费用"小于"应交税费——应交所得税"就是递延所得税资产,"所得税费用"大于"应交税费——应交所得税"就是递延所得税负债。递延所得税资产科目,产生时在借方,转回时在贷方;递延所得税负债科目,产生时在贷方,转回时在借方。

所得税费用 = 应交所得税 + 递延所得税负债 – 递延所得税资产

## 二、应用实例

### 【例14-4】

2018年12月30日，某公司以1 000 000元购入一台机器设备，预计无残值。会计和税法规定按直线法计提折旧，会计折旧年限为4年，税法规定折旧年限为5年。该企业2019年利润总额为900 000元，所得税税率为25%。2019年5月，该公司因生产造成污染被处以50 000元罚款。

【账务处理】

2019年末：

会计折旧（按4年）=250 000（元），账面价值 =1 000 000-250 000 =750 000（元）

税法折旧（按5年）=200 000（元），计税基础 =1 000 000-200 000 =800 000（元）

可抵扣暂时性差异 =50 000（元），其产生递延所得税资产 =50 000× 0.25=12 500（元）

应纳税所得额 =900 000+50 000（可抵扣暂时性差异）+50 000（永久性差异）=1 000 000（元）

应纳税额 =1 000 000×0.25=250 000（元）

（1）计提企业所得税时的账务处理如下：

借：所得税费用　　　　　　　　　　　　　237 500
　　递延所得税资产　　　　　　　　　　　 12 500

## 第十五章 所得税

　　　　贷：应交税费——应交所得税　　　　　　　　　250 000
（2）实际缴纳时的账务处理如下：
　借：应交税费——应交企业所得税　　　　　　　　250 000
　　　　贷：银行存款　　　　　　　　　　　　　　　　250 000

## 第三节 所得税的纳税申报

### 一、纳税申报时需提交的资料

依照《税收征收管理法》和《企业所得税法》，纳税人在纳税年度内无论盈利或亏损，都应当按照规定的期限，向当地主管税务机关报送所得税纳税申报表和年度会计报表。

纳税人进行清算时，应当在办理工商注销登记之前，向当地主管税务机关办理所得税申报。

（一）填写企业所得税预缴纳税申报表

实行查账征收企业所得税的居民企业纳税义务人及在中国境内设立机构场所的非居民企业纳税义务人在月（季）度预缴企业所得税时应填制中华人民共和国企业所得税月（季）度预缴纳税申报表（A类），以及不征税收入和税基类减免应纳税所得额明细表、固定资产加速折旧（扣除）明细表和减免所得税额明细表；实行核定征收企业所得税的纳税人在月（季）度申报缴纳企业所得税时应填制中华人民共和国企业所得税月（季）度和年度纳税申报表（B类）。

（二）填写企业所得税年度纳税申报表

实行查账征收企业所得税的居民企业纳税人在年度企业所得税汇算清缴时，应填写"企业所得税年度纳税申报表附表"及"企业所得税年度纳税申报表（A类）"。

受篇幅限制，在此不列示相关表格。

## 二、申报及缴纳程序

### （一）企业所得税纳税地点

除税收法律、行政法规另有规定外，居民企业以企业登记注册地为纳税地点；但登记注册地在境外的，以实际管理机构所在地为纳税地点。企业登记注册地，是指企业依照国家有关规定登记注册的住所地。除国务院另有规定外，企业之间不得合并缴纳企业所得税。

居民企业在中国境内设立不具有法人资格的营业机构的，应当汇总计算并缴纳企业所得税。企业汇总计算并缴纳所得税时，应当统一核算应纳税所得额。

非居民企业在中国境内设立机构、场所的，应当就其所设机构、场所取得的来源于中国境内的所得，以及发生在中国境外但是与其所设机构、场所有实际联系的所得，以机构、场所所在地为纳税地点。非居民企业在中国境内设立两个或者两个以上的机构、场所的，经税务机关审核批准，可以选择由其主要机构、场所汇总缴纳企业所得税。非居民企业在中国未设立机构、场所的，或者虽然设立机构、场所但取得的所得与其所设机构、场所没有实际联系的所得，以扣缴义务人所在地为纳税地点。

### （二）企业所得税的纳税申报的其他要求

企业在报送企业所得税纳税申报表时，应当按照规定附送财务会计报告和其他有关资料。

企业应当在办理注销登记前，就其清算所得向税务机关申报并依法缴纳企业所得税。

按照《企业所得税法》缴纳的企业所得税以人民币计算，所得以人民币以外的货币计算的，应当折合成人民币计算并缴纳税款。

企业在纳税年度内无论盈利或是亏损，都应当按照《企业所得税法》第五十四条规定的期限，向税务机关报送预缴企业所得税纳税申报表、年度企业所得税纳税申报表、财务会计报告和税务机关规定应当报送的其他有关资料。